KB234061

이 책을 소중한

______________________님에게 선물합니다.

______________________________ 드림

돈이 없을수록 부동산 경매를 하라

김서진 지음

제대로 배우고, 익히면
실패하지 않는다!

기술을 배우는 일은 학력이 필요 없다. 오히려 학력이 방해가 될 때가 많다. 누구나 할 수 있고 자격증이 필요한 것도 아니다. 부동산 경매 투자도 산수만 할 수 있다면 어렵지 않게 시작할 수 있는 것이 장점이다. 부동산 경매 투자는 배우는 사람이 방향을 잘 정해야 한다. 마음을 또렷이 세우지 않고 돈을 버는 것만 일삼으면 투자의 기준이 모호해지고 성공을 지속하기 어려워진다. 반드시 먼저 가고자 하는 길을 확보한 다음 목표를 향해 곧바로 질주해야 한다.

초보자가 경매 시장에서 이기는 싸움을 하는 것이 쉬운 일은 아니다. 어떤 분야든 실수를 통해 배운다고 하지만 부동산 투자에서의 실수는 초보자가 감당할 만큼 가볍지 않기 때문이다. 그러나 실수를 줄이면 실패도 줄어든다. 실수를 줄이는 방법은 투자에 대한 방향과 태도를 분명히 하는 것이다.

이 책에는 대박을 꿈꾸게 하는 내용이 들어 있지 않다. 올곧이 저축밖에 모르는 노력과 직장인들에게 부동산에 대한 관심을 일으켜 주고 어렵게 모은 종잣돈으로 첫 투자에 실패하지 않도록 도와주는 사용 설명서다. 내가 지금까지 경매 투자와 교육 사업을 병행하며 깨달은 생각과 꼭 필요한 지식만을 촘촘히 담았다. 가까운 미래에 경제적인 상황이 절망적이거나 다른 재테크를 시도할 여력조차 없다면 이 책은 당신에게 든든한 출발점이 될 수 있으리라 자부한다. 특히 법에 대한 지식이 전혀 없는 직장인을 위해 가급적 쉬운 언어로 설명했다. 더불어 돈을 버는 데 필요한 정신과 현실적이고 실무적인 내용만을 담으려고 노력했다. 경매 시장에서 성공적인 첫발을 내딛기 위한 과정 자체에 초점을 맞추었기 때문에 기술을 완벽히 습득하면 지금 당장 돈이 없더라도 언제든 투자할 준비는 갖추게 된다.

이 책《돈이 없을수록 부동산 경매를 하라》에는 특별한 기술이 담겨 있지 않다. 아침에 일찍 일어나 조깅을 규칙적으로 하지 않는 사람이 곧바로 육상 경기에 출전할 수 없는 것처럼 부동산 경매에 관한 기초 체력을 키워 주고 투자의 기준과 판단력을 바로 세울 수 있는 방법을 상세히 이야기했다. 기존에 경매 공부 좀 한다고 하는 사람보다는 전혀 지식이 없는 사람에게 매우 효과적인 책이 될 것이다.

부동산 경매를 처음 시작하는 직장인이라면 외부에서 받아들이는 정보의 양을 과감히 줄이는 것을 권한다. 돈과 직결되는 생각과 실무 지식이 아니라면 단 한 글자도 머릿속에 담아서는 안 된다. 경매 투자는 일종의 투자 매뉴얼이 존재한다. 체계적인 투자 시스템을 몸에 익혀야 어떤 투자에서든 한결같은 판단을 할 수 있다. 일관성 있는 투자는 모호함을 상쇄시킨다. 모호함을 제거할수록 경매 시장에서 이길 확률은 높아진다.

초보자가 부동산 경매를 공부하려면 일정 부분 시간을 투자해야 한다. 특히 안정적인 성공으로 첫걸음을 내딛으려면 여기저기 귀를 기울이지 말고 자신의 성향에 맞는 전문가를 찾는 데 공을 들이는 것이 좋다. 책도 마찬가지다. 자신이 쓰는 언어와 맞는 책을 한 권 찾아 밀도 있게 공부하는 것이 직접적인 도움이 될 것이다.

독학을 위해 책을 선택했다면 각 주제를 깊이 들여다보고 실행에 옮기는 작업을 해야 한다. 꾸준히 반복하면 성과를 얻을 수 있으리라 장담한다. 어떤 분야의 기술이든 매일매일 익히며 정진한다는 것은 꽤 힘든 일이다. 하지만 지금의 생활이 결코 만족스럽지 못하다면 도전할 가치가 있을 것이다. 나는 초보자들이 경매 투자의 실패 원인을 모르고 큰 수익만을 바라며 실패를 되풀이하는 것을 많이 보았다. 이 책을 통해 경매 투자에 대한 방향과 태도를 또렷이 세울 수 있는 초석이 되었으면 한다. 더불어 이해를 돕기 위해 본문에 나오는 사례의 인물들은 편의상 실명 대신 모두 가명을 사용했음을 일러둔다.

마지막으로 내가 이 책을 낼 수 있도록 도와주신 〈한국책쓰기1인창업코칭협회〉의 김태광 대표 코치님과 〈위닝북스〉 출판사의 권동희 대표님께 깊은 감사의 말씀을 전한다. 또한 항상 어려운 환경 속에서도 응원해 주었던 가족들에게 사랑한다고 말하고 싶다.

2017년 11월
김서진

PART 1 나는 부동산 경매를 만나고 인생이 달라졌다

PART 5 부동산 경매가 답이다

나는 부동산 경매를 만나고 인생이 달라졌다

내 인생은 왜 이럴까?

나는 그동안 '여의도 CGV 직장인 부동산 경매 재테크', '국내외 대기업 퇴직자 정기교육', '경기도 화성시청 자산관리과정 특강', '부산희망경매토크쇼' 등 부동산 경매 투자를 주제로 한 강연들을 진행했다. 최근 들어 나이와 직업, 지위를 불문하고 다양한 연령대의 사람들이 부동산 경매에 높은 관심을 보인다. 우연히 경매를 검색했다가 내가 운영하는 블로그를 보고 교육을 요청하는 직장인들도 많고, 특히 20대들은 교육을 받고 실제 투자로까지 이어지는 사례도 있다.

과거의 나는 전라도에 위치한 지방 대학 건축학과를 다니며 지독한 열등감에 빠져 있는 한심한 사람이었다. 고등학교 내신 성적 뿐만 아니라 수능 성적도 형편없었던 탓에 서울권에 있는 대학은 꿈도 꾸지 못했다. 그 나이에 가져야 하는 꿈이나 목표 따위는 애초에 없었다. 스스로 자신감이 없으니 어디를 가도 위축이 되고 자신감도 사라졌다. 그냥 '어떻게든 되겠지'라는 생각으로 하루하루를 버텼다.

나는 20대 시절, 인생에 대한 목표를 세우는 일이 얼마나 중요한 것인지 깨닫지 못했다. 사회생활을 하던 30대 중반이 되어서야 비로소 그 중요성을 실감하게 되었다. 20대에 인생의 목표가 없는 사람은 30~40대가 되어서도 인생이 고통스러울 것이다.

나 역시 30대에 깨닫지 못했다면 나침반 없이 바다를 항해하는 배처럼 지금까지 인생길을 헤매고 있을 것이다. 20대 시절 목표의 부재로 인해, 부동산 투자가라는 꿈을 찾고 지금과 같은 삶을 만들기까지 10여 년이라는 고통스러운 시간을 인내해야만 했다.

나에게 교육을 받는 수강생들의 연령대는 다양하다. 그중 20대와 30대 직장인들이 주를 이루고 있다. 첫 수업에서는 반드시 돈에 대한 목표를 써 보게 하고 동기부여를 하는 시간을 갖는다. 나는 그들에게 경매 지식을 전달하기에 앞서 목표를 구체적으로 설정하라고 말한다. 멀리 보면서 인생 계획을 세우는 것이 중요하기 때문이다. 나이가 젊을수록 지난날 나처럼 힘든 고통의 시간을 보내며 아까운 시간을 허비하지 않았으면 하는 마음이 크다.

10대 시절을 떠올리면 공부보다는 친구들과 노는 일이 좋았다. 내성적이고 말수도 없는 데다 몸도 허약했다. 남 앞에 나서는 일은 절대 하지 않았다. 대신 미술에 소질이 있었고, 유독 감수성이 풍부했다. 그래서 사소한 말에도 쉽게 상처를 받았다. 시간이 지날수록 점점 나와 맞지 않는 친구들은 멀리하게 되었고, 그러자 곧 혼자 있는 시간이 많아졌다.

20대 초반 어느 날, 운동을 하던 중 가슴에 심한 통증이 밀려왔다. 병원에서 정밀 진단을 해 보니 폐에 공기가 찼다는 것이었다. '기흉'이라는 지금은 흔한 질환이지만 당시에는 잘 알려지지 않았다. 특히 마른 사람에게 잘 나타나는데 걸을 때마다 송곳으로 가슴을 찌르는 듯한 통증이 느껴졌다. 폐에 차 있는 공기를 빼내기 위해 왼쪽 옆구리에 구멍을 뚫어 호스를 연결해 2주 정도 입원을 했었다.

의사는 심각한 질환이 아니기 때문에 걱정하지 말고 평소처럼 생활하라고 했지만 일 년이 지나도록 회복은 되지 않았다. 그러던 중 다시 재발하는 일이 발생했다. 두 번째는 공기가 다시 들어가지 않도록 아예 접착하는 수술을 해야 했다. 그런데 수술 후 사고를 당해 재발이 되면 다시 돌이킬 수 있는 방법이 그때는 없다고 했다. 그때의 기억이 아직도 생생하다. 20대의 나의 몸과 마음은 서서히 지쳐만 갔다.

지인의 소개로 경기도 안산에 위치한 중소기업에 취업을 했다. 당시 6층짜리 패션 쇼핑몰 건축 공사를 진행 중이었는데 현장 기사로 일하게 된 것이다. 궂은일은 모두 내가 도맡아 해야 했다. 건물이 세워지는 동안은 엘리베이터가 없기 때문에 6층까지 계단을 이용하며 공정별로 일을 지시하고 각 층에서 생기는 폐자재를 직접 포대에 담아 나르는 작업도 했다. '아, 내가 왜 이런 일까지 해야 하는 거지?'라는 생각이 들자 소위 말하는 3D 업종이라는 것이 실감났다.

3층까지는 오르내리는 일은 힘들지 않았지만 4층 이상이 되면 오후에는 발이 퉁퉁 부어 만질 수도 없이 아팠다. 집으로 돌아가 먼지로 가득한 몸을 씻고 창문 하나 없는 두 평 남짓한 쪽방에서 잠을 청했다. 출근 초기에는 두세 시간씩 늦었다. 날이 샌 줄도 모르고 잠을 잤던 기억도 있다. 창문이 없는 방이다 보니 날이 밝아도 한밤중처럼 어두웠던 것이다. 이렇게 반복되는 생활을 하며 일 년을 보냈다.

어느 날 아버지께 연락이 왔다. 부모님은 전남 목포에서 살고 계셨는데, 어머니가 사고를 당하셨다는 소식이었다. 회사에서 휴가를 받아 집에 내려가기로 한 3일 전쯤이었다.

어머니는 내가 내려올 때마다 온갖 해물을 사다가 음식을 만들어 주셨다. 그날도 해물을 사기 위해 버스를 타고 멀리 있는 시장까지 나서는 길이셨던 것이다. 버스에 올라 타 앉으려고 하는 순간, 버스는 급정거를 했고 그만 어머니는 균형을 잃고 쓰러지셨다. 그 바람에 무릎의 십자인대가 파열되었고, 재활을 하지 않으면 한쪽 다리를 절게 될 수 있다는 의사의 소견이 나왔다. 나 때문에 어머니가 고생하신다고 생각되니 죄책감이 들었다. 그래서 고민 끝에 회사에 사표를 내고 고향으로 내려갔다. 하지만 부모님은 몹시 당황해하셨다. 멀쩡히 다니던 직장을 왜 그만두고 내려왔느냐며 역정을 내시는 것이었다.

고향으로 내려오자마자 한 일은 어머니의 무릎 재활 프로그램을 짜는 것이었다. 어머니와 함께 매일 규칙적으로 걷는 연습을 했다. 어머니는 갑상선 질환도 앓고 계셔서 의욕이 저하된 상태였지만 잘 따라오셨다. 두 달 동안 외부 활동도 하지 않은 채 어머니의 재활을 도운 결과 다행히 다리는 건강하게 회복하셨다. 이때의 시간은 내 인생에서 가장 귀한 때로 남았다.

어머니의 재활이 끝나갈 무렵, 새 직장을 알아봐야 했다. 그때의 심정은 정말 암담했다. 전 직장을 그만둘 때 무작정 사표를 냈기 때문에 어디서부터 어떻게 다시 시작해야 할지 감이 잡히지 않았다.

20대 시절, '취직만 되면 잘 되겠지'라고 막연히 생각했던 기대가 산산이 부서지는 것을 느꼈다. 대학을 졸업해도 지금과 다를 바

없는 생활이 계속되리라는 생각이 머릿속을 맴돌자 자신감도 없어졌다. 그러나 그때까지도 인생에 대한 목표를 세워야 한다는 생각을 하지 못했다. 주위에는 그런 목표 없이 무작정 사는 사람들이 전부였기 때문이었다. 자격증만 따면 모든 일이 다 풀릴 것처럼 말하는 친구들도 있었고, 공무원 시험만 합격하면 인생의 목표를 다 이룬 것이라는 친구들도 있었다. 그들은 하루하루 눈앞에 보이는 것에만 열중했다.

나는 내가 하루에도 몇 번씩 싫어졌다. '내 인생은 도대체 왜 이럴까?'라는 생각을 하며 스스로 잘하는 것이 하나도 없게 느껴졌다. 지방대학에 다니는 내가 죽도록 싫었다. 하지만 그 무엇보다도 가장 싫었던 것은 아무런 비전도 없는 나 자신이었다. 인생의 목표가 없다는 것은 의지할 곳도, 가야 할 종착지도 없이 미래가 캄캄하다는 것을 의미했기 때문이다. 가끔 남들처럼 좋은 직장에 취직도 못하고 있으니 결혼도 못할 것이라는 생각이 들었다. 젊은 나이에 패배주의에 젖어 허우적거리고 있었던 것이다.

평범하게 사는 것도 힘들다는 생각이 자꾸 들었다. 스펙도 없는 내가 과연 취직을 할 수 있을까 하는 생각만 가득한 채 건축 현장 일은 나의 적성과 맞지 않다는 결론을 내렸다. 그때부터 결심했다.

'몸을 직접 쓰지 않고 머리를 쓰는 일을 하자!'

다섯 번의 지원 끝에 서울에 있는 작은 인테리어 디자인 회사
에 취업을 했다. 입사 후 일 년 동안은 일요일도 없이 바쁘게 지내
는 날이 많았다.

살아남는 방법을
빨리 알아야 한다

오늘 내가 죽어도 세상은 바뀌지 않는다.
하지만 내가 살아 있는 한 세상은 바뀐다.

- 아리스토텔레스 -

'어떻게 살아가야 할까?'

새벽 1시에 혼잣말을 중얼거리며 노트 위에 아무 글씨나 몇 번이고 반복해서 써 내려갔다. 나만 빼고 다른 사람들은 행복한 것 같았다. 평일에는 열심히 일하고 주말에는 가족들과 나들이 가는 일이 아주 쉽게 보였다. 아이와 아내가 잠이 들면 조용히 음악을 틀어 놓은 채 감상에 빠졌다.

어떤 일이 있어도 너란 사람 나를 항상 믿어 주기를

거미 〈죽어도 사랑해〉

눈물이 흘러내렸다. 태어나 처음 우울증에 걸렸다. 가족들이 잠들고 나면 약속이나 한 듯이 책상 앞에 매일 똑같은 자세로 우두커니 앉아 밤을 지새웠다. 도망갈 곳이 없었다. 방법을 알고 싶어도 누구도 가르쳐 주지 않았다. 고향에 계신 부모님은 내가 어릴 때부터 건강이 좋지 않으셨고, 하나뿐인 동생은 몸이 좋지 않아 목숨처럼 여기던 10년의 교직생활을 접어야 했다.

'어디서 돈을 벌지?'
'어떻게 돈을 벌어야 하지?'

생각하고 또 생각했다. 그러나 답은 쉽게 보이지 않았다. 도무지 길은 보이지 않은 채 장남 역할 한번 제대로 하지 못하고 있다는 자괴감에 가슴이 죄여 왔다. 돈을 벌어야 했기 때문에 대책 없이 직장을 그만두고 무작정 사업을 시작했다. 하지만 회사에 소속되어 일을 하다가 내 앞으로 일감이 저절로 생기기는 만무했다.

나는 담배도 피우지 않고 술도 거의 마시지 않는다. 그렇다고 사람들과 잘 어울리는 성격도 되지 않았다. 직장생활을 하는 동안 사람들과의 관계도 친밀하지 않았고, 유일한 위로라면 동료들의 장난 섞인 농담이 전부였다.

'내가 아내를 더 사랑할 수 있을까?'
'조금만 더 늦게 결혼했더라면 어땠을까?'

당시 나는 스스로 처지를 비관하며 결혼을 떠밀려 했다는 생각이 가득했다. 그래서 슬프고 괴로워도 겉으로는 행복한 척 살아야 한다는 생각을 했다. 첫째 아이가 태어난 해에 직장을 그만두고 카드 빚을 지며 한 달 한 달을 버티며 살았다. 힘겹게 하루하루를 살다 보니 문득 '잘할 수 없는 것은 걱정하지 말자. 지금 할 수 있는 것만 해 보자'라는 생각이 들었다.

그때 비로소 아무것도 하지 않으면 아무것도 이룰 수 없다는 것을 깨닫게 되었다. 얼마 지나지 않아 직장을 구할 수 있었고, 말일이면 받는 급여로 가정이 안정되었다. 고정 수입은 심리적인 고통까지 없애 주는 특효약인 셈이었다. 하지만 외벌이를 하던 탓에 한 달에 한 번 받는 월급만으로는 생활하기가 빠듯했다. 업무는 오전 8시 30분부터 밤 10시를 훌쩍 넘겨야 끝이 났다.

당시 일산에 단독주택 건축 공사가 한창이었고, 기간 중 대부분을 서울과 일산을 오가며 일했다. 저녁 시간은 서울 사무실로 돌아와 수정 보완할 부분을 정리하고 나서야 마무리되었다.

　한국 사회에서 직장인들은 돈 벌 시간이 없다. 주 5일제를 시행하는 회사에 다닌다면 그나마 다행이지만 아직도 그렇지 못한 기업이 많다. 그렇다면 주말에 쉬는 것이 행복할까? 그저 다음 주회사 일을 또 하기 위한 충전의 시간일 뿐이다. 주말이면 아이들과 아내가 나를 손꼽아 기다렸다.

　"여보, 이번에 이사를 해야 할 것 같아요."
　"또?"
　"주인이 보증금을 올려 달라고 해서요."
　"갑자기 왜 올려요? 그렇게 많이 올리면 어떻게 하라고요."

　살고 있던 집이 계약 만기가 되었지만 정작 모아둔 돈이 없었다. 아내와 함께 집을 보러 다니기 시작했고 구할 수 있는 집은 마을버스도 없이 20분 정도 걸어 올라가야 하는 오래된 다가구 주택이었다. 유모차와 아이를 안고 오르내릴 아내의 표정이 떠오르자 아내에게 미안했지만 정작 아내는 싫은 내색 한 번 하지 않았다.

　아내와 나는 다시 새로운 곳에서 외롭게 시작해야만 했다. 더군다나 아내는 나만 믿고 서울로 올라온 터라 친구 한 명 없었다.

오직 아이를 돌보며 육아에만 전념했는데 이럴수록 나는 이 상황을 어떻게 해서든 벗어나야만 한다는 생각이 절실했다. 단기간에 지금의 경제적인 수준을 뛰어넘을 수 있는 방법이 필요했다. 답은 부동산에 있었다. 경기 불황이 지속되고 폭락설이 난무해도 부동산은 살아남았기 때문이다.

우리나라 사람 중 16만 명 정도가 최소 3채 이상의 부동산을 보유하고 있다고 한다. 부자들은 부동산을 소유한다. 부자가 되고 나서 부동산을 소유하는 것이 아니라 부동산을 소유해야 부자가 되는 것이다. 사실 부동산 투자는 나에게 아주 먼 동화 속 이야기 같았다. 목돈도 없으니 내가 관심을 가져 봐야 소용없다는 생각이 뇌리에 깊이 박혀 있었다. 하지만 벼랑 끝에 서 본 경험이 있는가. 그때의 나로서는 한계를 넘어설 수 있는 방법이 부동산 투자밖에는 없었다. 그래서 '한번 해 보자' 하는 용기가 생겼고, 오랜 직장생활을 힘들게 버텨 준 내 몸이 조금이나마 쉴 수 있게 해 주어야 한다는 생각도 하게 되었다.

결심을 하자마자, 주말마다 국립중앙도서관으로 출근했다. IMF 시절의 부동산과 경제 기사부터 30여 종의 신문과 잡지, 책을 섭렵하기 시작했다. 특히 경제의 큰 흐름을 짚을 수 있는 기사들과 인물들 중심으로 스크랩을 했다. 너무나 방대했기 때문에 우선 부동산 관련 기사들만 집중 공략했다.

화분에 식물을 심을 때에는 큰 자갈을 먼저 담는다. 그다음 사이사이를 흙으로 촘촘히 채운다. 화분을 채우는 것처럼 큰 기사들을 훑고 난 후 연관되는 세부 기사들을 정독해 나갔다. 이렇게 단 한 주도 거르지 않고 공부하자 6개월이 지날 때쯤 경기 흐름이 보이기 시작했고, 맥락을 짚을 수 있게 되었다. 그러나 '미리 준비해 두면 언젠가 투자할 수 있는 날이 오지 않을까?' 하는 막연함만 존재했을 뿐 일 년이라는 시간을 살아남기 위해 발버둥 치며 보냈다.

우연한 시작이
운명을 바꾼다

인생은 노력한 만큼 가치가 있다.

- 프랑수아 모리아크 -

2009년 6월, 대학에서 강의를 해 보지 않겠냐는 제의를 받았다. 나는 평소 사람들 앞에 나서는 것을 꺼렸기 때문에 제의를 받았을 때 무척 당황스러웠다. 더군다나 내가 누군가를 가르친다고 생각하니 웃음만 나왔다. 2학기를 담당하기로 한 교수가 사정상 가르칠 수 없게 되어 나에게 기회가 온 것이었다. 일단 해 보겠다는 뜻을 전달했지만 걱정이 이만저만이 아니었다.

2학기가 시작될 무렵, 만반의 준비를 마치고 대학에 가서 첫 강의를 하게 되었다. 지금도 기억에 남는 것은 바로 첫 수업 때의 일이다. 오전반과 오후반으로 나눠진 수업은 각각 4시간씩 배정

되어 있었다. 나는 4시간 동안 진행할 수업 자료를 꼼꼼히 준비했다. 수업 내내 잔뜩 긴장한 채로 8시간의 강의를 잘 마쳤다. 나중에 안 사실이지만 개강 첫날, 그것도 오리엔테이션에 수업 시간을 모두 채운 교수는 없었다고 한다. 누군가를 가르치는 일은 이렇게 시작되었다. 이때까지만 해도 그때의 수업이 내 인생을 설계하고, 미래를 얼마나 크게 바꿔 놓을지 알지 못했다.

경매 사업을 시작하면서 책을 쓰고 싶다는 생각을 하게 되었다. 나는 기업과 대학, 단체, 공무원, 학생, 주부 등 수많은 사람에게 경매 교육을 진행했고, 낙찰을 받을 수 있도록 도와주었다. 그러나 실전 투자와 코칭을 통해 깨달은 노하우가 상당했지만 그것을 정리해서 전달하는 것이 어려웠다. 한동안 몇 개월에 걸쳐 조금씩 내용을 정리해 나갔지만 도무지 가닥이 잡히지 않았다. 그러다 우연히 〈한국책쓰기1인창업코칭협회(이하 한책협)〉를 알게 되었다. 필연은 우연을 가장해서 찾아온다고 했던가. 마음속 간절히 바라던 일이 현실로 나타나는 것을 경험하는 순간이었다.

"성공해서 책을 쓰는 것이 아니라 책을 써서 성공한다."

〈한책협〉의 김태광 대표 코치가 한 말이다. 그는 책을 써서 운명을 바꾼 사람이다. 열등한 환경 속에서도 3,000권이 넘는 책을 읽으며 작가로 거듭났다. 글을 쓴 지 3년 만에 작가의 꿈을 이루며 중국과 대만에 저작권이 수출되었고, 초·중·고등학교 16권의 교과서에 글이 수록되었다. 35세에 저서 100권을 집필한 공적을 인정받아 '제1회 대한민국기록문화대상' 개인부문 대상을 수상하는 등 사회에 공헌하는 일을 많이 하고 있다.

그의 강의는 메시지가 있는 내용을 전달하기 때문에 항상 매진이다. '꿈 전도사'로 불리는 그의 강의는 인생에 대한 명쾌한 해법을 제시한다. 나 또한 그에게 책 쓰는 법을 배워 인생을 바꿨다. 그는 오롯이 나의 경험을 이끌어 내어 책을 쓸 수 있도록 정교하게 가르쳐 주었다. 책 쓰기는 이미 성공한 사람들에게만 주어지는 전유물이라고 생각했는데 그런 고정관념을 통째로 바꿀 수 있었던 것도 그의 가르침 덕분이었다. 책을 쓰면서 사고방식까지 바꾸게 된 것이다.

대학에 다닐 때조차 어떤 교수에게도 꿈이나 목표에 대해 지도를 받은 적이 없었다. 그래서 나는 강의를 시작하면서 꼭 학생들이 자신에게 맞는 꿈과 목표를 세울 수 있도록 꼼꼼하게 챙겨 주기로 마음먹었다. 우리나라 대학생들 중 특히 1학년 학생들은 그동안의 학업에서 벗어나 해방감과 자유를 만끽하는 데 대부분의 시간을 흘려보낸다. 이후에도 그 어떤 꿈이나 목표 자체를 세우지 못하고 졸업하는 학생들도 많다. 이는 내가 늘 수업을 진행하면서 '미래에 대한 준비는 어떻게 해야 하는지' 등을 이야기하며 동기부여까지 하게 된 계기가 되었다.

제자들 중에는 말이 거의 없고 말소리도 귀를 기울여야 할 정도로 작은 여학생이 한 명 있었다. 유독 눈에 띄었던 이유는 학창 시절의 내 모습과 너무나 똑같았기 때문이다. 어울리는 친구도 없이 항상 혼자 수업에 참여했다. 나는 가까이 다가가 내 이야기를 들려주고는 했다. 앞으로 자신의 적성을 살려 어떤 직업을 선택해야 하는지 등에 대해서도 많은 이야기를 나누었다. 지금 그 제자는 대기업 전자제품 연구실에 근무하고 있다. 가끔 연락을 해 오는데 '그때 정말 감사했습니다'라는 문자 메시지였다.

2009년 12월, 2학기 수업이 끝나고 첫 강의 평가가 실시되었다. 평점이 낮을 경우 다음 학기를 기약할 수 없는 상황이었다. 그도 그럴 것이 애초에 한 학기만 가르치기로 계약을 했기 때문이다. 방학이 끝날 무렵, 학교에서 연락이 왔다. 내년에 재계약을 하자는 소식이었다. 강의 평가가 높게 나온 것이다. 이 일을 계기로 교육에 대한 인연이 깊어지기 시작했다.

이때부터 내가 잘할 수 있고 좋아하는 일은 바로 '가르치는 일'이라는 확신을 가졌다. 내가 쌓은 경험을 가르치고 동기부여를 하는 일은 정말 즐거웠다. 단순히 지식을 전달하기보다 그 사람의 재능을 끄집어내 결과물이 잘 나오도록 만들었다. 이를 계기로

'나의 경험을 필요로 하는 사람에게 내 지식을 공유하고 그 사람의 성공을 돕는 것이 훨씬 가치 있는 일이겠구나'라는 생각을 하기 시작했다.

오랜 기간 강의를 했지만 경제적으로는 부족한 것이 현실이었다. 대학에서 나오는 강의료나 직장에서 받는 월급의 수준은 뻔했기 때문에 경매 투자를 시작한 것이다. 사실 그 당시 기술이 뛰어나거나 기본기를 잘 갖춘 상태가 아니었다. 그도 그럴 것이 젊은 시절부터 수십 채의 부동산을 낙찰받았다는 고수들과 달리 나는 38세의 늦은 나이에 경매 투자를 시작했기 때문이다.

나는 시간을 단축시키기 위해 오로지 실무 투자를 배우는 일에만 몰두했다. 나는 아무리 어려운 내용도 이해하기 쉽고 재미있게 풀어낸다. 눈높이에 맞춰 어떻게 하면 쉽게 설명할까 하는 고민을 많이 하기 때문이다. 그렇다고 일방적인 강의는 절대 하지 않는다. 모든 사람이 함께 참여할 수 있는 프로그램을 기본적으로 짠다. 이런 참여형 수업 방식은 종종 수강생들과 완벽한 감정적 일치감을 이루게 한다. 내가 투자 당시 느꼈던 감정이나 상황을 있는 그대로 느끼게 해 주는 것이다. 실제 대기업 퇴직자 분들을 대상으로 하는 수업에서도 기존 이론 수업들과는 다른 방식이기 때문에 만족도가 높은 편이다.

부동산 강의를 본격적으로 시작하게 되자 첫 강의 주제가 고민되었다. 고심 끝에 2013년 겨울, '혼자서 다 하는 자린고비 인테리어'라는 제목으로 첫 수업을 시작하게 되었다. 유튜브에도 올렸던 이 강의는 조회 수가 상당했다. 실제 이 강의를 듣고 수리하는 데 도움이 되었다는 연락도 많이 받았다.

어느 날, 50대 후반의 한 여성에게 전화가 왔다. 아파트에 살고 있는데 위층에서 물이 샌다는 것이었다. 원인을 어떻게 찾아야 할지 몰랐는데 도움이 됐다며 고맙다는 인사를 전해 온 것이다. 빌라 한 채를 낙찰받았다는 40대 주부는 돈을 많이 들이지 않고도 큰 효과를 낼 수 있었다며 장문의 메일까지 보내왔다. 또 진정성 있는 강의 내용에 감동을 받았다며 경매 교육을 의뢰한 30대 남성도 있었다. 특히 이 분은 매주 한 번씩 대전에서 올라와 교육을 받았는데 안산에 있는 빌라 3채를 낙찰받고 수리하는 방법까지 꼼꼼히 배워갔다.

대학에서 학생들을 가르치는 것과 성인을 상대로 가르치는 일은 완전히 달랐다. 당시만 해도 강의를 듣기 위해 온 사람들은 대체로 50대 전후가 많았다. 사람들의 표정은 잔뜩 굳어 있었고 몇 명은 팔짱을 끼고 있었다. 강의를 시작하고 30분 정도가 흐르면 대학에서 강의하던 목소리가 자연스럽게 나왔다. 일부러 말을 만들지 않아도 거침없이 노하우를 쏟아내게 되었다. 강의가 끝나면

박수가 이어졌고 질문이 쇄도했다. 정해진 시간이 훨씬 넘었음에도 한 분 한 분 최선을 다해서 대답을 하며 깨달은 것이 있었다.

‘교육은 경험을 진심으로 전달하면 통하는구나! 실무에 꼭 필요한 지식만 전달하자!’

이때부터 내가 쌓아 온 경험과 노하우를 제대로 익히고 배울 수 있게 하는 방법을 끝없이 연구했다. 우선 오프라인을 통해 많은 사람을 만나고 내가 투자했던 경험들을 하나씩 가르쳤다. 빌라와 아파트, 상가 등 다양한 경매 물건에 투자했던 크고 작은 경험과 노하우를 빠짐없이 전달했다.

만약 강의를 해 보지 않았다면 내 성격에 남을 가르치는 사업은 결코 꿈도 꾸지 못했을 것이다. 또한 책을 쓸 생각을 하지 못했다면 인생의 도약은 없었을지도 모른다. 하지만 이 모든 우연은 나의 바람에서 비롯되었다는 것을 늦게나마 깨달았다. 간절히 원하고 그것을 잠재의식 속에 단단히 담아 두자. 당신이 준비되는 순간, 기회는 우연히 나타날 것이다. 우연이 운명을 만든다는 것을 믿어라.

남들과 똑같이 해서는
절대 성공할 수 없다

노력에 집착하라, 숙명적인 노력을.

- 레오나르도 다빈치 -

"어휴, 발 아파!"

집에 돌아오면 내 입에서 늘 나오는 소리다. 집에 오자마자 몸을 내던지듯 의자에 앉아 발을 주무르기 바쁘다. 2014년 여름, 나를 알리기 위해 어디든지 찾아갔다. 서울을 비롯해 전화만 오면 어디든 찾아가 만났다. 하루에 서로 다른 지역에서 3명을 연달아 만나기도 했다. 아침에는 인천의 한 백화점에서 근무하는 매니저를 만나고 오후에는 서울 강서구에 사는 30대 주부를 만나기도 했다. 저녁에는 직장에 다니는 20대 후반의 자매가 경매 물건에 대한 상담을 의뢰하기도 했다.

한 명 한 명 만날 때마다 그들의 금전적 상황과 앞으로 어떻게 해야 하는지에 대한 조언을 아낌없이 했다. 본래 나를 찾는 목적보다는 다른 이익을 취할 목적으로 접근하는 사람들도 꽤 있었지만 개의치 않았다. 나는 그들이 하는 말과 생각에 모든 신경을 기울였다. 그러니 일정을 마치고 집에 돌아오면 녹초가 될 수밖에 없었다.

어느 날, 40대 초반의 김경란 씨와 상담을 진행했다. 그녀는 얼굴은 웃고 있었지만 눈빛은 절박함으로 가득 차 있었다. 남편이 화물 운송을 하다 교통사고로 죽고 빚까지 떠안게 된 것이다. 가장의 갑작스러운 죽음은 가족을 고통으로 몰아넣었다. 집이 경매로 넘어가 어린 딸과 살길이 막막하다는 것이었다. 친척 집에 잠시 머무르고 있었는데 이런 상황을 이겨 내려고 많은 고민을 하고 있었다. 유일한 탈출구는 부동산 경매밖에 없다는 생각에 이르러 상담을 요청한 것이었다. 나는 돈이 없는 상황에서 어떻게 돈을 모으고, 모은 돈으로 어떻게 경매를 시작해야 하는지 자세히 알려 주었다. 희망의 끈을 놓지 않으려는 의지에 감동했던 기억이 아직까지 생생하다.

직장을 다니던 시절, 나는 온갖 업무들을 가져와 일을 만들어 내는 유형에 속했다. 일을 분담할 수 있는데도 남에게 맡기지 못했다. 그래서 밤과 낮이 따로 없을 만큼 바빴다. 낮에는 현장에서 일하고 밤에는 사무실에 앉아 도면을 수정하고 발주 자재들의 물량을 계산하는 것으로 하루를 마쳤다.

주말에도 휴대전화 벨소리가 울리기라도 하면 일이 터졌나 싶은 생각이 머릿속에 가득했다. 이런 생활을 6개월 정도 계속했고, 결혼을 하고 아이가 태어난 후에는 더 많은 생각을 하게 되었다. 평생 내 시간도 없이 회사 일에 끌려다녀야 한다는 생각에 숨이 막혔다.

직장인은 정말 돈 벌 시간이 없다는 말이 사실이다. 그때서야 '꿈이 없는 사람들은 꿈이 있는 사람들을 위해 살고 있다'라는 말을 실감하게 되었다.

39세가 되던 해, 내가 지금 할 수 있는 일을 해야겠다고 마음먹었다. 그러나 돈과 시간 모두 없는 것이 현실이었지만 돈이 없으면 빌리면 되고 시간이 없으면 만들자는 생각을 하며 즉시 실행에 옮겼다. 직장에 다니면서 빌라 2채를 낙찰받았다. 점심시간을 이용해 시세 조사를 하고 주말을 이용해 현장 답사를 나갔다. 낙찰을 받으면 수리를 해야 했는데 직장생활로 시간이 나지를 않았다.

당시 업무는 평일 밤 11시가 되어야 끝이 났다. 퇴근 후 집에 들러 청소 도구를 챙기면 새벽 1시가 되어서야 낙찰받은 빌라에 도착했다. 당시 빌라는 부천에 위치해 있었다. 새벽에 이동하다 보니 서울에서 부천까지의 거리는 평소 때보다 훨씬 가깝게 느껴졌다. 새벽 공기를 마시며 수리를 마치고 나오면 새벽 5시가 조금 안 되었다. 집에 도착해 가볍게 씻고 2시간 정도 눈을 붙인 후 출근했다. 다른 때 같으면 지칠 대로 지쳐 쓰러졌을 텐데 피곤한 줄도 모르고 일했다. 지금 하지 않으면 안 된다는 생각으로 임했기에 잠을 자지 않아도 즐거웠던 것이다. 일을 하면서도 조급해하지 않았다. 하나하나 단계를 거쳐 가며 실전을 쌓아갔다.

조금 늦더라도 나만의 길을 찾아가는 데 집중했다. 누군가는 남들이 다 자는 시간에 굳이 그렇게까지 돈을 벌 필요가 있느냐고 반문할 수 있다. 하지만 미래를 위한 대비책으로 투자를 지속해 나갔다. 나의 시간과 노력을 투자해 쌓아 올린 것들은 절대 쉽게 무너지지 않으리라는 믿음이 있었다. 요행을 바라지 않고 작은 것 하나라도 직접 경험한 태도가 어느새 나의 실력으로 자리 잡았다.

아무런 행위도 하지 않으면 아무 일도 일어나지 않는다. 단지 꿈만 꾸는 계획은 아무런 쓸모가 없다. 작은 행동이라도 결과물로 이어져 성과를 내야 한다. 한 번이라도 성공을 맛보게 되면 생각과 행동이 예전과는 달라지게 될 것이다. 처음 시작이 어려울 뿐이다. 일단 시작하면 그 일을 실행하는 과정에서 해답을 얻을 수 있다. 늦었다고 생각되면 남들보다 2배로 노력해야 한다.

사람들은 오히려 늦었다고 포기하는 일들이 너무나 많다. 부동산 가격이 하락하고 경기가 침체되면 "그때 투자할 걸 그랬어." 라는 푸념을 한다. 부동산 투자는 긴 호흡으로 임해야 한다. 발걸음이 더디기 때문에 조급함은 금물이다.

초보자들은 "편하게 살려고 경매 투자를 하는 건데 왜 잠도 못 자면서까지 해야 하나요?"라고 묻는다. 세상 어디에도 쉬운 일은 없다. 세상 어떤 일도 작은 노력을 들여 큰 성공을 얻을 수 없다. 특히 처음 도전하는 분야는 더욱 그렇다. 부동산 경매 시장은 철저히 본인의 투자 철학과 기준을 가지고 분석해가는 일련의 과정이 필요하다. 즉 자기 확신이 필연적으로 작용하는 곳이 부동산 경매 시장이다.

원래 나의 성격은 내성적이고 말 주변이 없었다. 경매 투자의 90%는 사람들과 대면 접촉을 통해 대화하고 조사하는 과정으로 이루어진다. 이런 면에서 보면 내 성격은 고쳐야 하는 단점 중의 단점이 되었다. 하지만 이 단점은 교육을 할 때 오히려 장점으로 나타났다. 내가 말을 많이 하지 않는 성격이어서 상대방의 말을 되도록 많이 들어주게 된 것이다. 이 점이 편안한 대화를 이끄는 장점으로 작용했고 배우는 사람들의 입장에서 쉽게 설명하는 노하우가 되었다. 특히 나와 같이 내성적이거나 말주변이 없는 교육생들도 어떻게 하면 조사를 잘하고 질문하는 능력을 잘 키울 수 있을지 연구하게 된 것이다.

제주도에 거주하는 33세 허민혁 씨는 호텔의 제빵기사로 일하고 있다. 교육을 받겠다며 사무실로 찾아왔는데 교육이 있을 때면 비행기를 타고 날아와 5시간의 긴 수업을 받고 돌아갔다. 그는 물건을 선정하고 맨 처음 시세조사를 하는 과정을 가장 어려워했다. 부동산 업소에 전화하는 것조차 두려워했다. 말을 잘 못할 뿐더러 어떤 것을 물어야 할지 모르겠다는 것이었다. 조사한 내용을 레포트로 받아 검토하는데 서너 줄 정도의 분량이 전부였다. 통화 시간도 2분을 채 넘기지 못했다.

부동산 경매 투자는 질문을 어떻게 하느냐에 따라 내가 원하는 답을 얻을 수도 있고, 얻지 못할 수도 있다. 그래서 말하는 방법이 굉장히 중요하다. 나의 교육을 듣고 훈련을 한 끝에 그의 질문 능력은 확연히 달라졌다. 이제 입찰할 물건에 대해 긴 대화를 리드해 갈 정도가 되었다.

이 책을 읽는 대부분의 독자는 부동산 경매 투자가 처음이거나 노력해도 잘 안 되는 사람일 가능성이 높다. 그렇다면 망설이지 말고 나의 휴대전화 연락처인 010.5196.5139로 자문을 구해보자. 성의껏 답변해 줄 것이므로 더욱 용기를 내자.

잘하는 것을 찾아 제대로 배우고 익혀라. 어떤 분야를 배우기 전에 남이 한 방법을 어떻게 내 것으로 응용할까를 고민하는 것이 중요하다. 무작정 남을 따라하려 하지 말고 제대로 배운 것을 소화하고 체득하려고 노력해야 한다. 평소처럼 해서는 절대 자신을 바꿀 수 없다. 나에게 맞는 재테크 기술을 찾아 깊이 있게 공부하는 것이 필요하다.

나는 남들이 노는 주말에도, 남들이 다 자고 있는 새벽에도 배우고 익히는 데 모든 힘을 쏟았다. 매번 남들 노력하는 만큼만 한다면 결코 성공할 수 없을 것이다. 결론은 남들보다 적어도 두 배이상의 노력은 쏟아야 한다.

부동산 경매에
눈을 뜨다

인생은 우리가 만드는 것이다.
항상 그래왔고, 앞으로도 그럴 것이다.

- 그랜마 모제스 -

"영화관 같이 큰 무대에서 많은 사람들을 보며 강의하면 떨리지 않아요?"

"맞아요. 저는 사람들이 많으면 주눅이 들어요."

내가 강연을 할 때 종종 듣는 질문이다. 그들의 눈에는 많은 사람들 앞에서 말하는 내 모습이 자신감 넘치게 보였나 보다. 사실 처음부터 그런 것은 아니었다. 나는 나서는 것을 정말 싫어하고 말주변이라고는 전혀 없는 소심한 사람이었다. 그래서 학창시절 임원을 해 본 일도 없다. 반장은 말을 잘하는 사람이 해야 한다고 생각했다.

초등학교 시절, 각 반마다 한 명씩 모범상을 주었는데 그때 담임선생님은 반 아이들에게 "서진이는 보이지 않는 곳에서 착한 일을 많이 하기 때문에 모범상을 주는 거야."라고 이야기했다. 나는 내가 착한 일을 한 적이 없다는 것을 알기 때문에 숨을 곳을 찾을 만큼 창피했었다. 대학에 들어가서 휴학을 하기 전까지도 여자 동기들과 말 한마디 나누지 못했다. 그만큼 소극적이었고 뭐라고 말을 꺼내야 할지 대화하는 법조차 몰랐다.

부동산 경매 교육 사업을 하면서 콘서트 장에서 강연을 하고 수많은 사람들 앞에서 강의할 기회가 많아졌다. 처음 강의할 때는 무척 떨렸다. 잘해야겠다는 생각이 두려움을 더욱 키운 것이다. 많은 준비를 하고 강의를 했는데도 좀처럼 쉽지 않았다. 당시 경매로 낙찰받은 집을 수리하는 방법에 대해 2시간 동안 교육을 했다. 30분 정도는 내가 무슨 말을 하고 있는지조차 기억이 나지 않았다.

"안녕하세요. 어떻게 오셨어요?"
"네. 그냥 뭐."

웃으며 말을 건네 보지만 좀처럼 즐거운 표정은 보이지 않았다. 내가 말이라도 재미있게 하는 법을 알았더라면 분위기를 띄울 수 있었을 텐데 하는 아쉬움까지 남았다. 아무튼 첫 강의를 무사히 마치고 계속 경험을 쌓았다. 의도적으로 다양한 기회를 만들며 계속해서 나를 단련했다. 지금은 처음부터 강의를 했던 사람으로 오해를 받을 만큼 교육이 자연스러워졌다. 이제 내가 아는 경험과 노하우를 이야기할 때 오히려 편안함을 느낀다. 결국 경매가 소심하고 내성적이던 나의 성격을 서서히 바꾸어 준 것이다.

내 인생의 전부를 차지하고 가장 싫어했던 부분이 바뀐 것이다. 많은 사람들을 상담하고 다양한 곳에서 강연할 기회를 만들지 않았다면 여전히 말주변 없는 평범한 직장인으로 살고 있을 것이다. 답은 언제나 내 안에 있었다. 내가 변해야 인생도 바뀌는 법이다.

입찰을 하려면 먼저 시세를 알아봐야 한다. 상품을 사려면 가격이 얼마인지 다른 브랜드의 상품에 비해 싼지 비싼지 비교하고 조사한 뒤 구입하게 된다. 조사란 무엇일까? 상대방에게 내가 알고 싶어 하는 것을 물어보는 행위이다. '물어본다'라는 뜻은 다른 말로 하면 '질문한다'라고도 표현한다. 질문을 통해 시세를 파악할 수 있다.

초등학교 시절, 부모님이 수업을 참관하는 행사가 있었다. 담임선생님의 질문에 단 한 번도 손을 든 적이 없었다. 답을 몰라서 그런 것보다 손을 들 용기가 없었고 말하는 일도 창피했다. 이랬던 내가 부동산 업소에 전화를 걸어 궁금한 내용을 물어본다는 것은 꿈도 꾸지 못할 일이었다. 한두 번의 짧은 질문과 답이 오가면 대화는 끝이 났다. 경매 투자는 큰돈이 오가는 게임이다. 어설픈 조사는 금전적으로 큰 손실을 불러온다. 어떤 투자든 쉽게 얻으려고 하면 쉽게 잃기 마련이다. 방법은 하나밖에 없었다. 질문지를 만들어 차근차근 체크하며 대화하는 것이다. 많으면 많을수록 좋다.

내가 구입할 상품의 값어치를 결정하는 문제이니 비교를 많이 할수록 판단하기 쉬워진다. 이런 질문을 지속적으로 반복했다. 교육생들에게 조사하는 방법을 하나하나 짚어 주면서 교정하는 작업도 소중한 경험이 되었다. 교육을 통해 다양한 경매 물건과 그 지역의 시세를 비롯해 많은 정보들을 살펴볼 수 있기 때문이다. 말하고 질문하는 경험이 누적되면서 대화가 능숙해졌다. 학창시절 발표 한번 제대로 못했던 나를 돌아보면 놀라운 일이다. 먼저 말을 건네 본 적이 없던 내가 이제는 말을 거는 쪽으로 바뀐 것이다.

"뭐, 네가 경매를 한다고?"
"혹시 무슨 일이 있니?"
"네가 무슨 경매를 해!"

과거 나를 알았던 지인들의 반응이다. 부동산 경매 투자를 한다고 했을 때 주변에서는 만류했다. 학교를 졸업한 후 오랫동안 만나지 못했던 사람들은 그때의 나만 기억한 채 걱정부터 했다. 하지만 인생은 자신의 의지로 바꿀 수 있다. 대부분 사람들은 자신의 약점을 감춘다. 그 이유는 나보다 남의 시선을 더 의식하기 때문이다. 남이 어떻게 생각하는지 중요하게 여기기 때문이다. 하지만 성공하는 사람들은 오히려 약점을 드러내고 강조한다. 약점을 이용하고 원래 갖고 있던 장점을 부각시키는 방향으로 공을 들인다. 내가 내성적이고 말주변이 없다는 것을 감추기에 급급했다면 어땠을까. 그랬다면 더욱 소심해졌을 것이다.

시세 조사를 할 때 이런 나의 약점을 모두 이용했다. 말하기 전에 많이 들었고 듣기 전에 많이 기다렸다. 아무 말 없이 기다리고 듣는 것은 자신 있었다. 질문해야 할 항목을 제외하고는 전부 듣기만 했다. 특히 내가 잘했던 것은 맞장구치는 일이었다. 요즘 말로 리액션을 잘한 것이다. 상대방은 당연히 기분 좋게 정보를 제공해 주었다. 단점으로 여겼던 성격이 없어서는 안 될 소중한 가치가 된 셈이었다.

단점을 보완할 시간에 장점을 키우는 노력은 아주 중요하다. 단점은 단점대로 활용할 수 있는 곳을 찾아 요긴하게 사용해 보자. 자신만의 독보적인 무기가 될 수 있다. 분명 자신에게도 강점이 존재한다. 모든 사람은 존재 자체로 의미가 있기 때문이다. 자기 자신을 사랑하고 진짜 내 모습은 어떤 것인지 시간을 들여 찾는 연습이 필요하다.

수십 수백 채를 낙찰받은 경력의 소유자들이 하는 방식을 모두 따라 하기만 하는 것은 잘못된 방법이다. 부동산 경매는 투자 과정 중에 필요한 우량 물건 선별법이나 시세 조사 방법, 시세 분석, 낙찰가 결정하는 법을 체계적으로 배우는 것이 중요하다. 혼자 공부하는 사람들 중 2년 넘도록 법원 한 번 가 보지 못한 사람도 많다. 나에게 맞는 나만의 투자 원칙과 기준을 하나씩 만들어야 한다. 단순히 돈을 버는 목적을 넘어 나를 바꾸고 인생을 바꾸는 기회가 될 것이다. 자신만의 '투자 스타일'을 만드는 것이 중요하다.

부모님께서는 그동안 대출 한 번 받지 않고 사셨다. 나 또한 대출 기관에 얼씬거린 적도 없다. 대출은 나쁘다는 생각이 뇌리에 박힌 것이다. 그럼에도 불구하고 재정적 한계를 뛰어넘어야 한다는 욕망은 계속 생겼다. 없는 돈으로 시작하려면 경매로 일어서야 한다는 생각뿐이었고, 첫 투자는 목동에 있는 전용 17평짜리 빌라로 1989년에 지어진 아주 오래된 물건이었다. 수리를 걱정할 틈도 없이 입찰을 결심했다. 낙찰을 받고 대출을 이용해 잔금을 납부하고 소유권을 이전받았다.

월세 보증금이 회수되고 실제 투자된 돈이 오히려 남는 상황이 발생했다. 성공적인 투자였다. 대출이 없었다면 내 금전적 수준으로는 상상도 못할 일이었다. 대출은 나쁜 것이 아니다. 대출을 바라보는 태도가 투자의 성패를 좌우한다는 사실을 알아야 한다.

사람은 마음먹기에 따라 모든 일을 이룰 수 있다. 이치를 깨닫게 되면 답은 명쾌하다. 대출에 대한 공포는 빚에 대한 두려움을 만든다. 언제 다 갚을까 하는 불안한 마음이 가득하게 되는 것이다. 불안한 생각은 불안한 결과를 부른다. 갚지 못한다는 불안감이 행동으로 나타나기 때문이다. 자신감이 없는 것도 그 이유다. 투자에 대한 자기 확신이 없기 때문에 늘 불안에 떠는 것이다. 부동산 경매는 차익이 나는 물건을 낙찰받고 대출을 갚지 않고 파는 것이 핵심이다. 이 구조를 잘 이해하면 공포심을 없앨 수 있다. 제대로 배우고 제대로 투자할 능력을 갖추면 대출은 현명하고 이용해야 하는 것으로 이해하게 된다. 곧 투자에 대한 자신감이 뚜렷해지고 대출에 대한 편견으로부터 완전히 벗어날 수 있다.

내가 부동산 경매를 통해 얻은 것은 경제적 자유 이전에 나를 바꿨다는 데 의미가 있다. 본래의 나를 버리지 않으면서도 그 이면에 있는 장점과 단점들을 활용할 수 있는 능력이 개발된 것이다. 많은 사람들 앞에서 이야기할 수 있는 자신감과 논리적으로 질문하는 법도 터득했다. 결정적으로 빚에 대한 고정관념을 완전히 털어 버릴 수 있었다. 자본 운용에 대한 원리도 자연스럽게 깨우쳤다. 성공의 법칙은 단순하다. 하나에 몰입해서 성공하면 다른 여러 가지 성공을 함께 끌어올 수 있는 힘이 생긴다는 것이다. 나는 그 힘을 경매에서 얻었다.

열정이 인생의
성공을 결정한다

성공이란 열정을 잃지 않고 실패를 거듭할 수 있는 능력이다.

- 윈스턴 처칠 -

"하나, 둘, 셋!"

"악!"

눈앞이 캄캄하고 아무것도 기억나지 않았다. 초등학교를 다니던 시절만큼은 유독 친구들과 경쟁하기를 좋아했다. 그네를 타고 높이 굴러 누가 멀리 뛰는지 시합하는 게임을 내가 먼저 제안했다. 그네가 하늘을 향해 치솟는 순간, 꽉 잡고 있던 두 손을 놓고 있는 힘을 다해 앞으로 뛰어내렸다. 너무 멀리 뛰는 바람에 몸의 균형을 잃고 석재로 된 미끄럼틀 모서리 끝에 왼쪽 이마를 찧고 말았다. 그다음은 전혀 기억나지 않았다. 아이들 말로는 피를 많이 흘린 채 정신을 잃었다고 했다. 어머니가 달려와 병원에 데리고 갔고 몇 바늘을 꿰매고 나서야 정신이 들었다. 사건 후 며칠이 지나고 또 친구들과 그네를 타고 멀리뛰기 경쟁을 했던 기억이 아직도 생생하다.

어릴 때 나는 경쟁심이 많아 상대를 꼭 이기고 싶었다. 지금도 무언가를 시작하면 남과 같다는 소리를 듣거나 뒤처지기 싫어한다. 일단 한 번 결정하면 무엇이든 결과물을 만들어야 직성이 풀린다. 요즘 시대에는 1인 2역이나 1인 3역 등 다방면에 능해야 한다지만 나는 하나에 집중하는 것이 더 좋다.

처음 연애를 시작할 때 이성과의 만남이 설레는 것처럼 경매 물건을 고를 때에도 이와 마찬가지다. 내 마음에 쏙 드는 부동산을 발견했다면 미친 듯이 달려들어야 한다. 낙찰을 받고 부동산의 주인이 된 이후는 더욱 중요하다. 잡은 물고기라고 해서 방치하거나 신경을 쓰지 않으면 안 된다.

나는 부동산을 대할 때 인격을 부여한다. 낙찰받은 날을 태어난 날짜로 정하고 생년월일을 기록하는 것이다. 채 수가 늘어날수록 첫째 누구, 둘째 누구, 이렇게 이름도 기록한다. 소유권이 이전되어 등기가 된 서류는 고급 양장으로 된 파일 첩에 보관한다. 이 아이들은 훗날 효자 효녀 노릇을 할 것이다. 보유하는 동안에는 나에게 월세를 주고 팔 때에는 차익까지 안겨 주니 잘 보살펴야 하는 것은 당연하다. 고맙고 사랑해야 할 대상이다. 이런 애정은 경매 투자의 지속성을 유지해 주고 열정 또한 다져 주는 역할을 한다.

나는 돈이 되는 경매 물건이 나타나면 모든 일을 제쳐 두고 조사에 몰입한다. 현재 내가 투자할 돈이 있느냐 없느냐는 중요하지 않다. 투자는 결과에서 결정한다. 낙찰을 받고 임대 계약이 체결된 후 보증금이 회수되었을 때를 계산하는 것이다. 실제 들어가는 돈이 내가 감당할 수준의 규모인지, 월세 수준은 대출 이자를 충분히 제외하고도 남는지 여부가 투자의 기준이 된다.

경매 물건을 선정하는 초기 단계에서 결과를 예상하고 시작해야 늘 이기는 싸움을 할 수 있다. 내가 예상한 수익의 물건을 찾게 되면 심장은 이미 뛰고 있다. 꼭 잡아야 한다는 욕망이 불타오른다. 조사를 마무리 짓고 입찰일을 기다리기만 하면 그동안의 시간에 대한 만족감은 충분하다.

어떤 일에서든 '결과'를 내는 일은 매우 중요하다. 무조건 열심히 한다고 해서 좋은 결과가 나오는 것은 아니다. 방향을 잘못 잡고 일을 진행하면 자신이 바라는 결과는 얻을 수 없다. 경매 투자도 마찬가지다. 결국 한 달을 공부하든 일 년을 공부하든 낙찰이 되어야 부동산의 주인이 될 수 있는 기회를 잡을 수 있는 것이다. 모든 배움에서 결과로 이어져야 하는 이유다. 만약 노력해도 일이 잘 안 되는 사람이 있다면 자신의 노력의 질을 잘 따져 보아야 한다.

다른 일 때문에 대강대강 시간을 쓰지 않았는지 점검해 볼 필요가 있다. 대충 일을 하는 이유는 오직 하나다. 열정이 크지 않아서다. 이는 재능이 부족해서라기보다는 전심을 기울이지 않아서 나타나는 현상이다. 온 마음을 다하지 않고 자신이 바라는 결과에 자신을 던지지 않았다는 뜻이다.

대구에 사는 양현중 씨는 중형 아파트와 소형 빌라를 각각 한 채씩 낙찰받았다. 그도 낙찰을 받기 전까지 교육 과정 중 어려움을 호소했다. 경매 물건을 선정하는 과정에서 마음에 드는 물건을 다수 골랐지만 번번이 입찰을 포기하는 것이다. 이유는 단순했다.

"이건 관리가 쉽지 않을 것 같아 별로인 것 같아요."
"생각보다 돈이 안 되는 것 같아요."

조사를 해 보기도 전에 지레 짐작으로 포기하고는 했다. 직장을 다니고 있었기 때문에 조사해야 할 시기도 번번이 놓치기 일쑤였다. 또 어렵게 시간을 내어 조사를 마치고서도 정작 입찰을 하지 못했다. 시간이 지날수록 '또 찾으면 되지'라는 생각을 반복했던 것이다. 나는 극약 처방이 필요했다는 판단이 들어 다른 종목들에 비해 조사가 쉬운 아파트를 먼저 입찰해 보라고 권유했다. 결과는 성공적이었다. 차 순위와 300여만 원의 차이로 20평대 아파트를 낙찰받아 임대 계약을 체결했다.

2016년 여름, 대전에서 사업을 하고 있는 박경환 씨는 교육을 받으며 낙찰을 받고 싶어 했다. 하지만 사업이 바쁜 나머지 훈련은 우선순위에서 점점 밀려났다. 안 되겠다 싶어 지방에 있는 이름 없고 허름한 소형 아파트 한 채를 골라 추천해 주었다. 조사 결과 바로 팔아도 2,000만 원이 남는 물건이었고, 미래가치도 포함돼 일정 기간 보유하면 더 많은 시세 차익도 기대할 수 있었다. 그러나 아무리 내가 추천을 해 주더라도 자신이 직접 시세를 확인하게 했다.

직접 조사하는 과정에서 수익률이 좋다는 것을 깨닫게 되면 열정은 스스로 타오른다. 그런데 그는 막상 투자는 망설였다. 애초에 투자하고 싶은 열정이 별로 없었던 것이다. 금전적인 사정도 포함되어 결국 낙찰의 몫은 다른 사람에게 넘어갔고 한 달 사이에 벌 수 있었던 2,000만 원은 고스란히 날아갔다. 좋은 기회는 쉽게 오지 않는다. 경매 시장에서는 눈앞에 있는 기회를 알아보는 능력이 돈 버는 시간 차를 좁혀 준다.

경매 초보자의 대부분은 물건을 고를 때 걸렸던 시간과 조사하면서 공을 들였던 노력은 잊어버린다. 가난한 사람들의 사고방식이다. 시야에 한번 들어오면 절대 놓치지 않겠다는 마음가짐으로 투자에 임해야 성공한다. 경매 공부는 한 번에 제대로 배워 단기간에 익히는 것이 중요하다. 공부하는 기간이 늘어지면 본업이 있는 직장인의 경우 피로감을 느끼며 열정이 식기 쉽다. 결국 투자 자체를 포기하게 된다. 조사하는 데 들인 시간과 노력이 결과로 이어지기 위해서는 열정 유지가 필수인 셈이다.

사람들은 수익에 대한 계산에만 치중하지만 이는 절름발이 사고방식이다. 특히 초보자의 경우 작은 성공을 빠르게 이루는 법을 터득해야 경매 투자를 지속할 수 있다. 큰 수익을 바라면서도 공부는 그에 상응하는 시간을 투자하지 않는다면 실패가 반복될 것이기 때문이다.

물론 날마다 성과를 내고 매번 열정을 불태우기란 쉽지 않다. 더구나 직장인의 경우 퇴근 이후의 시간에 모든 에너지를 쏟아붓기 힘든 것이 사실이다. 성공자들은 하나같이 매일 열정을 유지하며 일을 완성한 것처럼 보인다. 하지만 그들에게도 시련과 슬럼프가 있었다. 그러나 정신력이 바닥을 치고 있을 때 '열정'에 불을 붙이는 능력이 뛰어나 다시 일어설 수 있었던 것이다. 시련이 닥칠 때 열정을 만들어 내는 기술은 반드시 필요하다.

⚙ 열정을 키우는 3가지 기술

첫째, 이 또한 지나가리라

내가 지치고 힘이 들 때, 혹은 좋은 일이 생길 때마다 늘 마음속으로 외치는 문구다. 힘이 들 때는 곧 힘든 일이 지나갈 것이니 인내할 수 있다. 반대로 좋은 일이 연이어 생기면 겸손한 마음으로 '이 또한 지나갈 거야' 하고 다독이며 지나간다.

둘째, 머릿속을 비워라

뇌세포 하나하나에 '즐거움'이라는 자극을 심어 주고 온 신경을 그곳에 집중시킨다. 나는 영화를 무척 좋아한다. 특히 아침 일찍 사람이 거의 없는 영화관 객석에 앉아 나만의 시간을 만끽한다. 사람은 저마다 자신이 좋아하는 것이 있다. 그 부분을 찾아내 온전히 자신을 맡기는 것이다.

셋째, 본업과 투자의 균형 잃지 않기

부동산 경매를 시작하려는 동기로 직장을 그만둘 생각은 하지 않기를 바란다. 본업에 탄력을 주고 인생을 여유롭게 대비하기 위한 부업으로 여기고 시작해야 한다. 월급 이외의 수입이 들어오는 것만으로 심신이 안정됨을 느낄 것이다. 아침 8시에 출근하고 저녁 9시에 퇴근하는 한 교육생은 시간을 확보하고자 새벽 4시에 일어나 경매 공부를 했다. 결국 3개월 만에 다가구주택을 낙찰받아 쏠쏠한 수익을 내고 있다. 투자에 집중하느라 본업을 소홀히 한다면 본업과 경매 투자 모두 어려운 한계에 부딪히게 된다. 경매 공부에 필요한 최소한의 시간을 확보하며 본업을 유지해 나가면 투자를 지속할 수 있는 여유가 생길 것이다.

부동산 경매로
인생이 바뀔 수 있다

과거 30대 시절 내세울 것 하나 없던 내가 지금처럼 타인의 성공을 돕는 메신저로 살 수 있게 된 것은 경매를 만난 덕분이다. 조금 더 자세히 말하면 개인 저서를 쓰며 강의를 하고, 투자를 병행했기 때문에 지금의 인생을 개척할 수 있었다. 만일 경매를 몰랐다면 지금쯤 나는 무엇을 하고 있었을까? 책을 쓰지도 않았을 것이며 나만의 투자 노하우를 알려 줄 기회도 얻지 못했을 것이다.

경매 투자로 수익을 내는 일이 잦아지면 '나도 직장을 그만두고 임대 사업만 해 볼까?'라는 생각을 하게 된다. 지긋지긋한 직장 스트레스에서 벗어날 수 있는 절호의 기회로 여기는 것이다. 어떤 사람은 나에게 "1년 치 연봉을 벌 수 있다면서 왜 굳이 교육 사업을 하나요?"라고 묻는다.

어떤 가수들은 노래만 부르면 될 텐데 굳이 음악 학원을 차려 노래를 가르친다. 노래는 잘하지만 가르치는 기술이 없거나 노래 말고는 사업에 재능이 없는 가수들이 훨씬 많다. 투자할 수 있는 자본은 한계가 오기 마련이다. 내가 가장 잘하는 교육을 통해 수입을 만들고 다시 투자하는 순환 구조가 필요한 것이다.

평범한 사람일수록 부동산을 소유해야 한다. 은퇴 후가 두려운 직장인들에게도 부동산 투자는 이제 선택이 아닌 필수 사항이 되었다. 관심 연령대는 20대까지 내려갔다. 20대는 갖고 있는 돈이 크지는 않지만 있는 자금을 모두 쏟는 열정이 강한 것이 강점이다.

나는 〈한국경매투자협회(이하 한경협)〉를 세워 교수, 주부, 대학생, 공무원 등을 대상으로 경매 교육을 하고 있다. 내가 경매 교육을 하는 이유는 좀 더 나은 인생을 살기 위해 노력하는 사람들을 돕기 위해서다. 이제는 나이가 든 사람만 투자하는 부동산 시대는 지났다. 젊을수록 관심을 갖고 투자를 시작해야 한다.

40대를 앞둔 직장인들은 특히 관심을 기울여야 한다. 지금 돈이 없다고 해서 좌절할 필요는 없다. 배우면서 투자할 수 있는 방법을 찾아갈 수 있다. 돈이 모인 연후에 투자하겠다는 것은 투자를 안 하겠다는 뜻과 같다. 돈보다 중요한 것은 시간임을 깨달아야 한다.

나는 업무가 끝나면 집으로 서둘러 간다. 가족과 저녁 시간을 보내야 하기 때문이다. 직장에 다닐 때에는 꿈도 꾸지 못할 일이다. 올해 셋째가 태어나 아내의 육아는 더욱 힘들어졌다. 그래서 업무의 양과 시간을 조절해 육아를 돕는다. 밤 9시가 될 무렵 다시 사무실에 나와 책을 읽거나 글을 쓴다. 그렇게 하루하루가 순식간에 지나간다. 사무실 창밖은 현란한 조명으로 반짝인다. 많은 사람들이 술에 취해 떠들며 시간을 보낸다.

무엇이든지 때가 있는 법이다. 돈 역시 벌어야 할 때가 있다. 요즘은 100세 시대라고 하지만 거동조차 자유롭지 못한 나이에 돈을 벌면 그것을 어떻게 쓸 수 있을까. 자신이 선택한 직업이 인생을 바꿀 수 있는 도구인지 생각할 필요가 있다. 직장 월급으로 답이 없다면 인생을 뒤집을 수 있는 수단을 찾는 것부터 시작해야 한다. 방법을 찾았다면 남들이 웃고 떠드는 시간에 부단히 배우고 노력해 결과를 만들어야 한다. 그런 면에서 경매를 본업으로 선택한 나 자신에게 고맙다.

'당신은 지금 충분히 만족스러운 인생을 살고 있는가?'

자신의 인생이 만족스럽지 않다면 지금 무엇인가 획기적인 시도를 해야 한다. 늘 보고 듣고 경험한 일과는 차원이 다른 자극일수록 성공 확률은 높아진다. 지금과 다른 차원의 자극을 접하려면 자신의 관심사 외의 것들을 찾으면 된다. 한 번도 시도해 본적 없고 자신의 능력 밖이라고 여겨지는 것일수록 좋다. 그것이 무엇이든 찾아내 배우는 것이다. 배울 시간이 없다면 그것은 현재에 만족하기 때문이고, 배울 돈이 없다면 지금 참을만하기 때문이다.

경매 시장에 발을 내딛는 사람들의 대부분은 돈 그 자체가 목적이다. 하지만 나는 다르게 생각한다. 돈보다는 인생의 변화가 목적이 되어야 한다. 왜 돈을 벌려고 하는지 그 돈으로 무엇을 하려고 하는지가 중요하다. 직장인들의 생활 패턴은 고정되어 있다. 매일 같은 시간대에 출퇴근을 반복한다. 주말이면 스트레스를 풀거나 쉬기 바쁘다. 그렇게 일주일은 한 달이 되고 한 달은 1년이 된다.

어느 덧 10년, 20년이 훌쩍 가고 퇴직할 때가 되면 할 수 있는 일이 별로 없다. 나 역시 몸에 익은 직장인의 때를 벗는 데 상당한 시간이 걸렸다. 사업 초기에는 자유롭게 주어진 시간에 적응이 되지 않았다. 회사를 그만두고 난 뒤 한참 동안 해방감에 빠져 일탈을 반복했던 기억이 난다.

나는 학창시절 동안 제대로 된 상장 하나 받아 본 적이 없을 만큼 열등생이었다. 받은 상장이라고는 초등학교 개근상과 중학교

미술대회에서 입선한 것이 전부였다. 책을 읽기도 싫어해서 공부에도 소질이 없었다. 사회생활을 하면서 열등감은 커져 갔다. 34세 때 3년 동안 다녔던 직장을 그만두고 가장 먼저 한 일은 책을 읽는 일이었다. 있는 돈 없는 돈을 모아 책을 사는 데 투자했다. 취직할 준비는 접고 다양한 장르의 책을 섭렵했다.

한 권의 책을 읽다가 관심이 가는 단어가 나오면 그 분야에 연관된 책을 곧바로 찾아 읽어 보는 식이었다. 이렇게 해서 2달 동안 300권이 넘는 책을 읽었다. 물론 독서광들에 비하면 아무것도 아니지만 책을 싫어했던 나로서는 이루 말할 수 없는 자신감을 얻게 된 계기였다.

몰입 독서는 실로 많은 것을 안겨 주었다. 작가가 글을 쓴 의도나 전체적인 맥락을 빠르게 간파하는 능력이 생긴 것이다. 이는 비단 책을 읽을 때에만 적용되지 않았고, 대학에서 강의를 하거나 기업에서 강연을 할 때, 책을 쓸 때에도 결정적인 역할을 했다.

경매를 만나고 가장 많이 달라진 것이 있다면 바로 나의 성격이다. 말수가 없었고 적극적으로 나서지 않는 성격이라 스스로 경매 투자를 하기에 적합하지 않다고 생각했다. 경매 투자는 대부분 시세를 조사하고 현장을 답사하며 사람들과 대화를 많이 하게 된다. 낙찰 후 명도를 잘하기 위해서는 말재주도 좋아야 한다. 경매 투자에 필요한 모든 조건들과 반대 성격을 갖춘 나였기에 교육 사업을 하기에도 자신감이 부족했다. 하지만 매번 경매 투자가 성공적으로 끝나면서 이런 생각들은 말끔히 사라졌다.

앞서 언급한 허민혁 씨는 22세 때부터 빵을 만들었다. 33세가 된 지금 1억 원의 돈으로 부동산 경매 투자를 하고 싶다며 찾아왔다. 그러나 경매 물건을 선정하고 시세 조사에 돌입하는 시점에서 망설이기 시작했다. 떨려서 말을 못 하겠다는 것이 이유였다.

조사한 내용을 레포트 형식으로 정리해 메일로 받았다. 고작 5줄 정도의 짧은 문장으로 이루어진 내용뿐이었다. 사람들은 집을 실제로 구할 때 자연스럽게 질문을 한다. '방은 3개 정도 필요하고 3층 이상은 안 되며 전세가 아니면 안 된다'라는 식의 구체적인 조건을 내세운다. 하지만 유독 경매 물건을 조사할 때에는 머리가 하얗게 변한다. 무슨 말을 어떻게 해야 할지 생각이 나지 않는 것이다.

그는 세 번의 조사 끝에 A4 10장이 넘는 분량으로 레포트를 작성해서 보내왔다. 다른 교육생들에 비하면 많은 양은 아니지만 처음에 비하면 상당히 진전된 것이었다. 조사한 자료를 토대로 분석을 하고 낙찰가를 결정하는 법에 대해 교육했다. 결국 낙찰을 받고 얼마 되지 않아 두 번째 빌라를 낙찰받았다. 이번에는 모든 조사를 혼자 해냈다. 시세에 대한 분석까지 자신의 생각을 논리적으로 말하는 것을 듣고 적잖이 놀랐다. '부동산 업체와 대화조차 되지 않았던 사람이 단 몇 개월 만에 이렇게 바뀌는구나'라는 생각이 들었다.

경매를 자유자재로 다루게 되면 수익을 극대화하는 경지에 도달할 수 있다. 자본을 운용하는 능력이 생기고 부동산을 보는 안목 또한 높아진다. 가장 결정적인 것은 부동산을 대하는 편견이 사라진다는 것이다. 겉모습만 보고 판단하지 않는 습성이 몸에 익는 것이다. 돈은 내가 미처 생각하지 못한 모습을 하고 나타난다. 그 기회를 잡을 수 있는 안목이 생기는 것이다.

과거의 나처럼 돈이 없고 평범한 사람일수록 부동산을 공부해야 한다. 특히 남이 세운 회사를 위해 일하는 직장인이라면 필히 부동산 경매에 눈을 돌려라. 경매를 통해 자신을 한 단계 업그레이드시킬 수 있다. 자신이 추구하는 인생이 무엇인지 생각해 보라. 세상을 보는 눈을 키우고 용기를 내야 한다.

지금 꼬박꼬박 월급이 들어온다고 해서 안심해서는 안 된다. 안심하는 순간 여러 이유로 '퇴사'를 준비하는 날이 올 것이다. 다시 말하지만 평범한 나를 변화시킨 도구는 부동산 경매였다. '내가 과연 잘할 수 있을까?'라는 의구심과 두려움은 과감히 버리자. 당신에게는 분명 자신의 목표를 이룰 수 있는 능력이 확실히 있다.

월급만으로는 결코 부자가 될 수 없다

왜 월급은 한 달에 한 번만
받아야 할까?

경기 불황으로 아르바이트 시장에 뛰어든 이른바 '생계형 투잡 족'이 늘고 있다. 직장인 이수영 씨는 오후 7시 퇴근 시간이 다가오면 노심초사하며 시계만 바라본다. 오후 8시부터 집 근처 카페에서 아르바이트가 시작되기 때문이다. 하루 4시간의 아르바이트를 마치고 귀가하면 새벽 1시가 된다. 한 달에 받는 월급은 64만 원이다. 그는 "직장 월급만으로 자녀들을 키우기가 너무 힘들다"고 말하며 퇴근 후 버는 부수입이 생활비의 40%를 차지할 만큼 중요하다고 했다.

김상환 씨 역시 두 개의 직업을 갖고 있다. 낮에는 편의점에서,

밤에는 대리운전 기사로 일한다. 누구보다 아끼며 살고 있지만 자녀 대학 등록금을 감당하기에는 역부족이다. 통계에 따르면 최근 남녀 직장인 600명을 대상으로 실시한 설문조사 결과 29%가 본업 외에 아르바이트를 하고 있는 것으로 나타났다. 직장생활을 하면서도 아르바이트를 하는 이유에 대해 '월급만으로 생활이 어려워서'라는 응답이 가장 많았다.

나는 직장생활을 하면서 투잡을 해 본 적은 없다. 연봉이 많아서 그런 것은 아니다. 일정한 시간에 퇴근할 수 있는 직업도 아니었고 제시간에 끝나는 것도 기대할 수 없었다. 그래서 아르바이트를 할 시간도 나지 않았다. 그런데 이러한 환경이 오히려 월급 외에 또 다른 수입을 만들어 낼 방법을 찾는 계기를 주었다. 곧 내 몸을 직접 쓰지 않고 돈을 벌 수 있는 수단을 찾기 시작한 것이다.

푼돈으로 시작할 수 있는 것은 바로 주식이었다. 내 주위에는 주식 투자를 하는 사람들이 꽤 있다. 그들은 단타를 노리느라 쉴 틈이 없었다. 나는 자주 신경 쓰는 것이 귀찮을 뿐더러 주식 시장을 들여다볼 시간도 없었다. 성향에 비추어 가치 투자가 나와 맞았다. 그러나 월급의 일부를 떼어 주식 투자를 시작했다.

1년 동안 고작 서너 번의 투자를 했고 그 이후 2년 동안 단 한 차례도 쳐다보지 않았다. 원금의 5배에 가까운 차익을 거뒀지만 더 이상 하지 않기로 했다. 지금 내게 필요한 것은 통제할 수 있는 현금이었다. 주식은 기업의 실적에 따라 가치가 오르락내리락 했기에 지금 내가 찾는 재테크 수단이 아님을 직감적으로 깨달은 것이다.

화성에서 직장을 다니는 39세 유덕재 씨는 부동산 경매로 소형 빌라를 낙찰받았다. 지하 층만 총 3채를 낙찰받았는데 시세 차익은 빌라 한 채당 500만 원 수준이었다. 역세권은 아니었지만 월세 수요가 꾸준한 탓에 대출 이자를 제외하고 매달 10만 원대의 월세가 꼬박꼬박 들어왔다. 더 좋은 수익을 내기 위해 나를 찾아와 시세 조사에 대한 교육을 본격적으로 받았다. 권리 분석에 대한 지식은 이미 갖춘 상태였지만 문제는 시세를 측정하고 분석하는 부분이었다. 교육 이후 본업으로 모은 돈과 빌라를 팔아 남긴 차액, 그리고 보유 중 월세 수입을 모아 다시 지상 층 빌라를 낙찰받았다.

그는 3년 동안 종목과 지역, 연식을 가리지 않고 저돌적으로 10채가 훨씬 넘는 부동산을 경매로 낙찰받았다. 2017년에는 지인과의 공동투자를 통해 다가구를 낙찰받아 월급 외에 든든한 수익을 창출하고 있다. 그처럼 열정이 지속적으로 유지되는 사람을 오래간만에 보았다. 또한 주변에 경매 투자를 하고 싶어 하는 직장 동료들에게도 조언을 아끼지 않는다고 한다. 이런 사람은 빠른 시간 안에 성공한다.

부동산 경매를 가르치다 보면 가장 흔하게 듣는 말 중에 이런 말이 있다.

"돈이 좀 모이면 그때 할 거예요."
"지금은 돈이 없어서 못해요."
"그냥 무서워요."
"법을 많이 알아야 하지 않나요?"

돈이 모인 뒤 투자한다는 사람은 돈이 있어도 투자를 할 가능성이 거의 없다. 왜냐하면 돈은 늘 사용할 곳이 있기 때문이다. 돈을 버는 일이 우선순위가 아닌 것이다. 어떤 투자든 돈이 모이기 전에 미리 공부를 해야 기회가 왔을 때 단번에 잡을 수 있다. 한 번 지나간 기회는 절대 되돌아오지 않는다. 지금 돈이 없다고 푸념하는 사람들은 몇 년이 지나도 없다. 돈이 없어도 돈을 어떻게 만들 것인지 먼저 고민해야 한다. 돈이 보이면 돈을 마련할 힘이 생긴다. 사업을 해 본 사람은 고개를 끄덕일 것이다.

경매 투자가 무섭다는 사람도 있고 법을 알아야 하지 않느냐고 하는 사람도 있다. 사람을 대하는 법이나 법에 대한 원리만 알면 어렵지 않다. 몰라서 하는 고민이기 때문이다. 경매는 알아야 하는 원칙이 정해져 있다. 가진 돈이 너무 적어 망설이거나 아무리 입찰해도 수익을 내지 못하는 사람들, 돈은 많지만 막상 하려니 잃을지도 모른다는 부담감에 두려운 것이다.

나는 내가 경험한 투자 노하우를 시간 낭비 없이 단기간에 이룰 수 있도록 도와준다. 교육생의 대부분은 직장인인데 그들 역시 처음에는 막연한 생각으로 찾아왔다. 지금은 당당히 집주인이 되어 월세를 받고 있다.

요즘 창업 바람이 거세다. 오랫동안 다니던 직장을 그만두고 창업을 하기만 하면 성공할 수 있을 것 같은 기분이 든다. 하지만 현실은 그리 녹록지 않다.

창업자들이 가장 많이 진출하는 분야는 외식 시장이다. 음식점 수가 급증함에 따라 시장이 포화 상태에 이르면서 음식점 창업자들도 경쟁에 시달리고 있다. 대형 음식점을 제외한 나머지 소규모 음식점들은 인건비, 임대료, 재료비 등을 제외하면 근근이 유지하는 곳이 대부분이라고 한다. 직장인들이 가장 많이 하는 이야기 중 하나는 회사를 그만두고 카페 하나 차려서 여유 있게 인생을 살고 싶다는 것이다. 이런 소망이 바람으로 그치는 이유는 뜬구름 잡는 식의 꿈만 꾸기 때문이다. 결과를 만들어 주는 구체적인 행동이 따르지 않으면 아무것도 이루어지지 않는다. 직장에 너무 오래 매어 있다 보면 스스로 일을 일굴 수 있는 동력 자체가 약해지는 것이다.

나 또한 그런 과정을 겪었다. 큰아이가 태어난 직후 아무런 준비 없이 퇴사를 했고 많은 시련에 부딪혀야 했다. 결국 다시 직장으로 돌아갔다. 그러나 회사라는 동물원 생활에 익숙해질수록 정글에서 스스로 먹이를 구할 능력은 사라지게 되었다.

정글에 뛰어들기 전 먹이를 구할 능력을 키우는 시간을 벌어야 한다. 창업 즉시 흑자를 올리기는 만만한 일이 아니다. 그래서 1년 이상 유지하고 버틸 수 있는 보조 동력을 만드는 것 또한 중요하다. 흔히 있는 돈 안에서 해결하다 보면 공격적인 마케팅을 할 수 없을 뿐더러 수입은 점차 줄어든다. 대출을 이용해 넉넉하게 시작한다 해도 첫 달을 제외하고 적자를 면치 못해 빚더미에 앉는 사람들도 많다.

부동산 투자를 통해 고정적인 수입을 확보하면 사업을 하는 동안 조급한 마음이 사라진다. 오히려 여유로운 마음으로 하다 보면 사업이 점차 성장하는 것을 깨닫게 된다. 사람들이 고민하는 대부분의 문제는 돈과 관련된다. 아파도 돈이 없어 제때 병원을 가지 못하거나 자녀를 남들 다 보내는 학원 하나 보내지 못할 때 고통스럽다.

고통스러우면서도 돈을 벌 궁리를 하지 않는 것이 큰 문제다. 버는 돈에 맞춰 살아가는 것이 습관화되어 있기 때문이다. 어떻게 해야 할지 방법을 몰라 하지 못하고 있다면 당장 부동산 경매를 공부해 보자. 모임에 나가 술을 마시고 수다를 떨 시간에 부동산을 배워라. 부동산은 재정적 독립을 도와준다.

내가 운영하는 회사는 규모는 작지만 내세울 수 있는 복지 제도가 두 가지 있다. 첫째는 주 4일만 근무한다는 원칙이다. 금요일을 활용해 주말까지 자기계발을 할 수 있도록 권장하고 있다.

둘째는 직원들에게 1년에 한 달은 쉴 수 있는 안식월을 주는 것이다. 안식월 동안 월급은 평달에 지급되는 수준과 똑같다. 나와 함께 일하는 직원들은 시간적 여유를 충분히 누리게 해 주고 싶다.

나는 많은 직장인들에게 적어도 한 달에 한 번 이상은 또 다른 월급을 받게 해 주고 있다. 그들은 스스로 낙찰을 받을 수 있는 기술도 습득했다. 더 이상 누구에게도 기대지 않고 또 다른 수입을 창출해 낼 수 있는 기술을 만든 것이다.

많은 이들이 부동산 경매에 관심을 보이지만 정작 기초적인 수준에 머물거나 이론 지식만 배우느라 시간을 허비하는 경우가 많다. 이처럼 제대로 배우는 것이 얼마나 중요한지 알게 된다.

부동산을 소유하면 시간적 여유가 생긴다. 라이프스타일이 완전히 달라지는 것을 경험할 수 있는 것이다. '부동산'은 무엇인가를 변화시킬 수 있는 힘이 있고, 그 무엇인가를 이루는 과정에서 자신도 성장하며 주변과의 관계도 변화시킨다. 월급을 한 달에 한 번 받는다는 생각에서 과감히 탈출하라.

절약만으로는
절대 부자가 될 수 없다

고기를 잡으려면 물에 들어가야 한다.

- 워런 버핏 -

아들 하나를 둔 어떤 부자가 집안 살림을 지킬 며느리를 고르기 위해 공고를 냈다. 세 명의 여인이 찾아왔는데 며느리가 되려면 테스트를 거쳐야 했다. 머슴 몇 명과 한 달 치 양식을 주고 석 달을 살라는 것이 테스트의 내용이었다. 첫 번째 여인은 한 달 만에 양식이 떨어져 버티지 못하고 돌아갔다. 두 번째 여인은 죽만 끓여 먹으며 버티다 결국 석 달을 채우지 못했다. 그런데 세 번째 며느리는 한 달 치 양식을 받아 밥을 넉넉히 지어 먹었다. 머슴에게 밥을 배불리 먹인 뒤 나무를 해 오게 하여 팔아서 다시 양식을 마련한 것이었다. 그리고 자신은 일감을 사와 돈을 벌었다. 시간이 갈수록 집 안에 양식이 가마니째 쌓였다. 이를 본 부자는 곳간 열쇠를 세 번째 여인에게 주었고 살림 경영을 맡겨 더 큰 부자가 되었다.

전래동화 《며느리 뽑는 시험》에 나오는 이야기다. 세 번째 여인은 굶지도 않았고 죽을 쑤어 먹지도 않았다. 대신 밥을 든든히 챙겨 먹고 일감을 찾았다. 무조건 아끼려고만 했던 다른 여인들과는 생각부터 달랐던 것이다. 절약만으로는 절대 부자가 될 수 없다는 것을 여실히 보여 주는 이야기다.

7년 전, 늦은 나이에 2년 동안 어렵게 공부해 공무원 시험에 합격한 친구가 있다. 아이 셋을 낳고 부모님을 모시는 가장인데 그 당시 한 달 월급은 200여 만 원이 조금 안 되었다. 친구의 아내는 적은 월급에서 일부를 떼어 몇 년간 어렵게 천만 원이라는 목돈을 모아 적금을 들고 있었다.

그들은 매달 만 원이 조금 넘는 이자를 받고 있었다. 저축이 유일한 재테크였던 것이다. 이 친구 역시 근검절약이 몸에 배어 있었다. 단 한 번도 만나자는 연락을 먼저 한 적이 없고 모임을 나와도 먼저 계산하는 일이 드물었다. 돈을 아끼기 위해 친구들과의 만남은 일체 자제하고 돈이 지출되는 통로는 되도록 차단한 것이다. 돈을 모으기 위해 안 입고 안 먹고 안 만나는 노력이 수반되는 것이다. 이렇게 절약만으로 돈을 모을 생각이라면 이런 삶을 기꺼이 받아들여야 한다.

돈은 모으는 것보다 잘 쓰는 것이 중요하다. 요즘 자기계발에 돈을 투자하는 직장인들이 많아졌다. 배우고 익혀 자신을 성장시키는 데 돈을 아끼지 않는 것이다. 반면 배우는 데 돈을 아끼고자 책을 한 권 구입해 오로지 책으로만 몇 년 동안 독학하는 사람도 있다. 하지만 이는 시간이 오래 걸린다는 단점이 있다. 돈보다 중요한 것이 시간이라는 점을 간과한 것이다.

돈을 투자해 세월을 벌고 단기간에 성공하는 것이 빨리 부자가 될 수 있는 방법이다. 절약에만 초점을 맞추는 사람들의 심리는 미래에 대한 만일의 사태에 대비하고자 하는 것이다. 혹시 모를 우환에 대비하는 것인데 다르게 생각하면 돈을 써야 하는 상황이 오기를 바라는 것과 같다. 이는 돈이 지출되는 결과를 가져온다. '돈이 필요할 때가 오겠지'라는 생각은 '돈을 쓰게 만드는 결과'로 이어지는 것이다.

종로에서 강의를 하던 때, 2년 동안 책으로만 경매 공부를 한 40대 후반 직장 여성 한 분과 이야기를 나눴다.

"경매 공부 해 보셨어요?"

"네, 2년 정도 책으로 혼자 공부했어요."

"제법 오래 되셨네요, 입찰은 해 보셨어요?"

"아니오, 법원 한 번 가본 적이 없는 걸요."

"정말이요? 2년 공부하셨으면 낙찰을 받을 만도 하신데."

"제가 생각한 것이 맞는지 확신이 없어서 입찰을 못하겠어요."

"겁이 나서 그럴 거예요."

"네, 맞아요. 누구한테 물어볼 사람도 마땅히 없어서 더욱 그런 것 같아요."

결국 2년 동안 공부에 투자한 시간과 에너지는 수익을 내는 투자로 이어지지 못했다. 법원 한 번 가보지 못하고 이론 공부만으로 그친 것이다. 돈을 버는 공부를 했으면 반드시 성과를 낼 수 있어야 그 자체로 쓸모 있는 공부가 된다. 이는 공부의 방향을 잘못 잡았거나 자신감 부재로 아까운 세월만 허비한 것이다.

자기계발에 인색한 사람은 대부분 가난한 사람들이다. 큰돈은 투자를 해야 벌 수 있다. 부자들은 이런 돈의 특성을 가장 잘 알고 있다. 배울 때에는 내가 투자한 돈의 액수보다 배 이상 되는 가치를 만든다는 마음가짐이 필요하다. 아끼는 데 초점을 맞추면 절대 이런 생각을 할 수 없다. 돈으로 시간을 사서 세월을 단축시켜야 한다는 사실을 먼저 깨닫는 것이 급선무다. 배우지 않으면 알 수 없고 알 수 없으면 실천할 수 없다. 어제보다는 최소한 오늘이 나아야 하고 오늘보다는 내일이 나은 삶을 살아야 하지 않겠는가.

절약이 미덕이라는 말을 듣고 자란 사람들은 저축만이 살길이라고 생각한다. 가끔 20대 후반 직장 여성들을 상대로 상담을 하다 보면 저축 말고 아는 재테크가 없다고 말한다. 재테크에 대해 문외한임을 자처하며 오로지 1%대의 은행 적금 상품에만 목을 맨다. 원금을 잃지 않는 것이 최선임을 강조하지만 이는 가난한 사고방식이다.

물가는 오르고 돈의 가치는 떨어진다. 당장 자신이 잃은 돈이 없더라도 물가는 상대적으로 오르기 때문에 내 돈은 그만큼 손해를 보는 것이다. 부자가 되고 싶다면 최소한 본업 이외에 자신 있게 휘두를 수 있는 재테크 도구 하나 쯤은 준비해 놓아야 한다. 저축은 최소한의 목돈을 만드는 데 필요한 과정의 일부일 뿐이다.

날이 저물기 전 산 정상을 오르려면 쉬지 않고 가야 한다. 중간중간 쉬는 시간을 많이 갖게 되면 날이 저물게 되고 정상에는 가 보지도 못하게 된다. 목돈을 모으는 과정도 산을 오르는 것과 같다. 일정액을 모으기 위해서는 중간중간 빼서 쓰는 일이 없어야 한다. 투자를 위한 돈과 소비를 위한 돈은 분리해서 관리해야 한다. 투자로 번 돈을 소비로 쓰는 일은 가난한 사람들에게 최적화되어 있는 습관이다.

투자는 돈이 모이면 하는 것이 아니다. 돈이 없더라도 항상 투자할 준비를 갖추고 있어야 한다. 공부를 할 때에도 돈벌이가 되는 수단을 선택할 줄 알아야 한다. 요리사에게 필요한 도구와 정비사에게 필요한 도구는 다르다. 그들에게 돈을 벌어다 주는 도구는 생김새도 다르고 쓰는 법도 다르다.

나는 투자할 목돈조차 없었지만 가만히 있지 않았다. 투자를 위해 먼저 배우는 일에 집중했고 투자할 기회를 잡았을 때 필요한 돈을 만들었다. 투자한 돈은 원금을 잃지 않고 모두 회수했고, 수익을 내는 데 성공했다. 돈이 없어서 배우는 준비마저 하지 않았다면 지금의 나는 없었을 것이다. 결국 열등했던 상황이 나에게 필요한 방법을 찾게 만든 것이다.

돈이 벌리지 않는다고 세상을 탓하기 전에 자신이 돈 버는 재주가 없음을 탓하는 게 빠르다. 모든 원인은 자신에게 있다는 것을 아는 것이 우선이다. 내가 들인 노력만큼의 결실만 얻을 수 있는 것이 세상 이치다. 돈 버는 재주는 제대로 배워서 익히면 되는 것이고 연습을 통해 키워진다.

나는 직장에 다니던 시절, 돈에 대한 가치관이 불분명했다. 돈은 있어도 그만이고 없어도 그만이라는 생각을 했고, 생활하는데 지장만 없으면 만족했다. 만족하는 순간 돈에 대한 더 이상의 관심과 욕구는 사라졌다. 그런데 이 만족하는 수준이 의식주를 간신히 해결하는 정도라면 부자가 되기는 이미 틀렸다고 봐야 한다. 우리나라 사람들은 돈에 대한 욕구가 노출되면 돈을 밝힌다고 욕하기도 한다. 그들의 이면에는 '돈이 좋지만 돈을 밝히면 안 되지!'라는 마음이 감춰져 있다. 이런 속내를 감출수록 돈은 나에게 다가오지 않는다. 돈은 자신을 좋아해 주는 사람에게 기꺼이 달려간다.

경매 강의를 하다 보면 수업을 듣고 있는 절반 이상의 수강생들이 심각하거나 우울한 표정을 하고 있다. 돈은 우울하거나 심각한 사람들 곁에는 얼씬거리지 않는다. 경매 시장은 돈이 없는 사람일수록 관심을 가져야 하는 곳이다. 서민들에게는 '하늘의 축복'이라고 할 만큼 큰 지렛대 역할을 할 수 있는 곳이다.

돈이 없을수록 억지로라도 웃는 연습을 하라. 웃는 인상은 주변 사람들을 자석처럼 끌어당기는 힘이 있다. 웃으면 실제 수명이 연장되는 효과도 있다. 코르티솔이라는 스트레스 호르몬을 감소시켜 긴장감을 풀어 주기 때문이다. 여기에다 잘 웃는 사람은 호감도도 높아진다. 나 역시 어려울 때일수록 심각한 표정을 짓지 않으려고 부단히 애썼다.

부동산 경매로 돈을 버는 일은 한순간이다. 철저한 실전 감각을 익히고 투자에 임하면 어렵지 않다는 사실을 금방 알 수 있다. 경매 투자에는 하나의 패턴이 존재한다. 지식을 많이 아는 것과는 다른 문제다. 직장인이 1년 동안 모을 돈을 한두 달 사이에 벌기도 한다. 하지만 문제는 돈을 번 다음이다. 소비에 초점을 맞춘 사람이라면 돈을 쓰는 것은 순식간이다. 돈이 생길 것을 생각해 미리 지출하는 돈을 모으지 못하는 요인이 된다. 특히 물건이 지닌 가치보다 싼 가격에만 치중하는 소비는 오히려 잦은 지출을 불러 일으킨다. 가랑비에 옷 젖는다는 말도 있지 않는가. 이런 패턴이 반복되면 모은 돈은 금방 바닥을 드러낸다.

'절약'이라는 단어를 잘 이해해야 한다. 단순히 아껴서 부자가 된다면 굳이 장황하게 이야기할 필요가 없을 것이다. 절약만으로 는 부자가 될 수 없다. 돈을 모으지 못해 투자할 여력조차 없다면 먼저 돈 버는 기술을 배워야 한다. 기술을 배우고 익히는 데 공을 들이는 과정에서 깨닫는 바가 많아지고 돈을 모으는 힘이 생긴다. 피하지 말고 부딪쳐라.

돈이 없어도 부동산에 관심을 가져야 기회가 찾아온다. 항상 부동산에 눈과 귀를 열어 두자. 기회는 당신 주변을 맴돌고 있다. 부자가 되는 데 '절약'은 필수이지만 '절약'만으로 부자는 될 수 없다.

돈 버는 기술이
부자를 만든다

변명 중에서도 가장 어리석고 못난 변명은
"시간이 없어서"라는 변명이다.

- 토머스 에디슨 -

"당신은 왜 배우는가?"

직장인들은 없는 시간을 쪼개가며 공부한다. 지친 몸을 이끌고 영어 학원에 가기도 하고, 프레젠테이션 능력을 키우기 위해 저녁 식사를 거르고 스피치 학원에 가기도 한다.

2017년 5월 18일, 여의도 CGV에서 강연을 하는데 강연 시간이 저녁 7시 30분이었다. 직장인을 위한 재테크로 부동산 경매가 주제였다. 여의도에서 직장을 다니시는 분들이 많았는데 피곤할 법도 하지만 2시간이라는 시간 동안 꽤 집중하는 모습을 볼 수 있었다.

사람들은 왜 배울까? 무엇 때문에 피곤해도 이렇게 배우려고 하는 것일까? 부지런한 사람들은 자신의 가치를 상승시켜 몸값을 높이는 목적으로 배움의 길을 선택한다. 이런 배움은 부로 연결시킬 때 가치를 드러낸다. 배웠으면 곧장 써 먹을 줄 알아야 하고, 익혔으면 결과물이 나와야 하는 것이다. 돈 버는 방법을 배웠다면 돈을 벌어야 하는 것이다. 그렇지 않다면 그 '배움'은 시간만 낭비한 꼴이 된다.

앞으로의 삶은 돈 부자보다 시간 부자가 되어야 한다. 바쁘기 때문에 시간을 아무렇게나 보내서는 안 되는 것이다. 최대한 시간을 아껴 돈을 빨리 버는 법을 배워야 부자가 된다. 당연히 이 같은 사실을 알고 있지만 현실에서는 녹록지 않음을 잘 알고 있을 것이다. 어려운 일은 잠깐 쉬고 싶고 다음 날로 미루고 싶기 마련이다. 하지만 이런 태도를 스스로 극복하지 못하면 절대 배움을 돈으로 연결 짓는 일은 어불성설이다. 만약 누군가 나에게 이 모든 것을 어떻게 아느냐고 묻는다면 과거의 내가 그러했음을 말해 주고 싶다.

나는 독서를 좋아한다. 정확히 말하면 책을 좋아한다. 배우고 싶은 분야가 생기면 즉시 책부터 산다. 제목을 보고 목차를 확인한 뒤 내가 궁금히 여기던 소주제가 있으면 그 부분만 펼쳐 본문을 읽는다. 내 언어 코드와 맞아 떨어지면 망설임 없이 구입해서 책장이나 책상 위에 쌓아 두고 수시로 읽는다.

대중교통을 이용하면 불편해도 반드시 한두 권의 책은 가지고 다닌다. 이런 습관 덕분에 이론적인 앎은 꽤 깊어졌다. 하지만 읽고 만족하는 데 그치기 일쑤였다. 읽고 있는 시간만큼은 뭔가 가득 차고 금방이라도 이룰 것만 같은 착각 속에 빠진다. 책을 덮고 하루가 지나면 현실과는 동떨어진 지식으로 전락해 있다.

혼자 공부할 때의 약점이 있다. 골프를 배우겠다고 책을 보고 스윙 연습을 해 봐야 몇 년 동안 실력은 제자리다. 모든 스포츠는 자세가 중요하다는 말이 있다. 골프채를 잡는 법과 자세가 제대로 잡혔는지도 모른 채 몇 년을 훈련했다면 과연 얼마나 잘할 수 있을까? 반대로 누군가 자세를 잡아 주고 코치해 준다면 어떤가. 타이거 우즈가 한 달 정도 집중적으로 개인 지도를 해 준다면 그야말로 제대로 된 실력을 갖추게 될 것이다.

몇 년이라는 시간의 한계를 단 한 달 만에 극복하는 성과를 얻을 수 있다. 나보다 한 발 앞선 사람이라면 대가를 지불하고 그 사람이 앞서 배운 시간을 사는 것과 같은 의미다. 투자하는 돈이 아깝지 않을 만한 '배움'이라면 시간을 아끼는 편이 부로 가는 추월차선이 된다.

나의 경우 책을 독학 용도로 쓰지 않는다. 필요한 부분은 습득하고 나머지는 사람에게 배운다. 큰 대가를 지불할수록 더 깊고

정교하게 배울 수 있다고 생각하기 때문이다. 특히 책에 쓰인 저자의 철학과 가치관이 나와 맞는지 자세히 본다. 확신이 드는 순간 뒤도 돌아보지 않고 스케줄을 조정한다. 나는 마흔 중반을 향해 가고 있다. 시간을 앞당긴다는 것은 내게 그만큼 큰 의미가 있는 것이다.

200만 원을 투자해야 하는 수업이라면 그 비용을 투자했을 때 향후 얻어지는 기회비용을 계산하게 된다. 나는 10배 이상의 수익을 뽑아내는 것이 아니라면 소비성 투자라고 생각해 잘 하지 않는다. 먹는 것 또한 건강을 생각해서 먹고 쓰는 편이고 운동에도 꾸준히 돈과 시간을 투자하고 있다. 몸이 지치면 생각도 잘 나지 않고 늘 쉬고만 싶어지기 때문이다. 곧 아예 생각 자체를 안 하게 되어 모든 것이 귀찮아지기 시작하면서 의욕마저 잃게 된다.

돈은 충분히 있어야 한다. 배우는 데 돈이 들기 때문이다. 당신은 돈을 아끼고 시간을 낭비할 것인가, 시간을 아끼고 돈을 벌 것인가. 어떤 공부든 왜 하는지 따져 보고 가능한 한 빨리 익히는 법을 고민해야 한다.

부동산 경매 교육을 하다 보면 다양한 사람들을 만나게 된다. 책으로 배운 이론 공부는 정말 잘 아는데 정작 실전에 뛰어들려고 하니 선뜻 용기가 나지 않는 사람도 있다. 또 기초 수업만 듣고 곧바로 실전 투자를 감행하는 사람도 있었다. 특히 아쉬운 것은 좋은 물건을 고르는 안목이 있는데도 실천하지 못했던 40대 여성이었다.

"투자를 하고 싶긴 한데 무서워서 못하겠어요."
"뭐가 무서운데요?"
"내가 권리 분석을 잘한 건지 모르겠어요. 공부를 하긴 했는데 확신이 서지 않아요."

그녀의 문제점은 배웠는데 확신이 없다는 데 있다. 2년을 독학했지만 법원 한 번 가 보지 못한 채 방법론만 가지고 발만 동동거리고 있는 것과 같았다. 경매를 할 때 법률 용어로 산재한 서류들을 보면 머리가 아프다. 부동산 경매가 갖고 있는 구조적 원리를 잘 이해하면 굉장히 쉬운 것이 경매 공부다. 돈을 버는 데 필요한 실무 지식만을 취하고 나머지는 과감히 버려야 한다. 취할 것인가, 버릴 것인가? 구별할 줄 아는 것도 자신의 몫이다. 돈을 버는 데 보탬이 되지 않는 지식들은 눈길조차 주지 말아야 한다.

부동산 경매의 모든 공부는 원리를 이해하면 쉽다. 경매 초보자도 무리 없이 좋은 성과를 낼 수 있다. 가령, 국가가 왜 경매 사업을 하는지 생각해 보자. 돈 벌 다른 사업도 많을 텐데 굳이 허름한 부동산들을 중개하는 이유가 무엇인지 궁금할 것이다. 바로 뗄 수 있는 세금이 많기 때문이다.

국가는 부동산이 경매로 나오면 중개료를 받는다. 부동산을 마트에서 파는 상품이라고 생각해 보자. 상품을 팔기 위해서는 가격이 얼마인지 알아야 한다. 집행관을 상품의 출처가 되는 지역에 보내 가격을 감정하게 한다. 가격표를 붙여야 사람들이 구입하기 때문이다. 사람들은 그 가격을 보고 입찰을 한다. 이렇게 누군가 가장 높은 가격으로 상품을 구입하면 국가는 '취득세'라는 세금을 거둬간다. 또한 팔 때에도 '양도세'라는 세금을 가져간다. 여러 모로 국가에서는 가져갈 돈이 많은 것이 부동산인 것이니 직접 나서서 사업을 할 수밖에 없는 것이다. 이러한 원리를 알면 경매 공부가 한결 수월해진다. 원리에 대한 기초가 하나씩 쌓이다 보면 생각이 단단해지는 것을 느낄 수 있다. 주관이 뚜렷해지고 사고가 정립되는 것이다.

부동산 경매는 투자 횟수가 증가할수록 수익률 변화가 있어야 한다. 만약 없다면 잘못된 공부를 한 것이다. 기술이 성장하지 않으면 아무 소용이 없다. 즉, 돈에 대한 생각의 규모도 함께 성장해야 한다. 경매 공부와 자신의 인생관을 일치시켜라. 왜 내가 경매 공부를 하는지 무엇 때문에 하는지 늘 점검해야 한다. 끊임없이 근본적인 이유를 떠올려야 중도에 그만두는 일이 없다. 나에게 꼭 필요한 재테크인지 따져가며 공부해야 성공할 수 있다.

제대로 배우고 익히되 단 한 번이라도 벌어 봐야 안다. 지금까지 해 오던 대로 공부하지 말고, 되는 대로 하지 마라. 경매 공부는 이미 답이 나와 있다. 단지 '될까'라는 자기 확신이 부족해서 두려움과 공포심이 앞서 못하는 것뿐이다. 현재 내 상황에 맞게 배우는 기술을 바꿔라. 돈이 오가는 큰 흐름을 파악하고 앞뒤 맥락을 살피면 돈은 저절로 모이게 된다.

당신이 부동산 경매를
해야 하는 이유

40세까지도 가난한 생활을 하고 있다면 그건 모두 자신의 탓이다. 40대는 자신의 얼굴에 책임을 져야 하는 나이라고 했다. 누구나 부자가 되길 원하지만 바라기만 할 뿐 실천에 옮기지 못한다. 평범함에 익숙해져 더 이상 벌어야 한다는 욕망이나 간절함이 부족하기 때문이다. 욕망이 없으면 배우려는 의지도 생기지 않는다. 모 대기업 퇴직자를 대상으로 부동산 경매 강의를 한 적이 있다. 그 기업은 60여 명에 달하는 직원들에게 사직을 권고했고 실제 그들은 직장을 그만두게 되었다. 그중 세 분이 나를 찾아와 상담을 요청했다. 세 사람의 연령대는 30대 후반부터 40대 초반에 아이를 둔 가장이었다. 애매한 경력 때문에 이직에 대한 두려움을 안고 있었다. 퇴사 당시 회사에서 지급된 퇴직금은 약 1억 원이었다. 저축을 하자니 은행금리가 낮고 사업을 시작하기에는 부족한 금액이었다. 고심 끝에 부동산 경매에 관심을 가져볼 요량으로 교육에 참석한 것이다.

연령에 따라 투자에 대한 성향은 다르게 나타난다. 그 이유는 '리스크 감수 지수'가 다르기 때문이다. 젊은 층은 나이든 사람들에 비해 공격적이다. 어렵게 모은 돈일지라도 과감히 투자하는 경향이 있다. 그 이유는 적은 목돈을 은행에 맡겨 봐야 수익률이 저조하기 때문이다. 이들은 시세 차익을 기대하지 않더라도 매월 들어오는 수입이 만족스러운 수준에서 투자를 결정한다.

소형 빌라 한 채에서 1년 동안 벌어들일 수 있는 수입은 1천만 원대의 실투자금으로 대출 이자를 제외하고도 최소 120여 만 원 내외가 된다. 경매 투자를 하는 50대 이상의 세대들에게서 볼멘소리가 터져 나온다. 젊은 사람들이 너무 공격적인 베팅을 하니 도저히 답이 없다는 것이다. 그들은 원금 손실을 최소화하고 수익률을 최대로 높이고자 한다. 당연히 낙찰가는 낮아질 수밖에 없다. 젊은 층은 넘어져도 다시 일어날 힘을 갖고 있으며 새로운 것을 배우고자 하는 의지도 강하다. 그들의 투자 시기가 빨라질수록 경험도 그만큼 빨리 축적될 것이다. 시간이 지날수록 투자의 기술은 더욱 예리해진다.

하루는 40대 초반으로 보이는 여성이 교육 상담을 위해 사무실로 찾아왔다.

"사업을 하다 세 번 실패했어요. 부동산 경매로 수입을 만들어보고 싶은데 돈이 별로 없는데도 가능할까요?"

이 여성은 상담 후 교육을 받은 지 두 달이 채 되기도 전에 인천 서구 마전동에 있는 소형 빌라 한 채를 낙찰받았다. 당시 주변에는 기반 시설조차 갖추어져 있지 않았고 인근에 지하철역 하나 없었다. 마을버스를 타고 가야 접근할 수 있는 입지였음에도 과감히 투자했다. 보통은 부동산 투자를 하기 전에 정석처럼 따지는 조건들이 있는데 어떻게 그녀는 입찰을 결정했을까?

이미 자신이 얻을 수 있는 수익률을 알고 있었기 때문이다. 수익률을 계산한 결과 실제 투입된 돈이 몇백만 원 수준에 불과했다. 당시 경락 잔금 대출이 80%까지 나왔기 때문에 가능한 일이었다. 수리 후 임대 계약이 체결되었고 예상했던 수익을 올리게 되었다. 결과를 미리 알 수 있는 투자는 부동산 경매 투자뿐이다.

이기는 기술을 터득하면 초보라고 할지라도 손해 없는 게임을 할 수 있다. 어떤 투자에서든 첫 투자의 성공 여부는 이후에 이어지는 투자에 큰 영향을 끼친다. 부동산 투자에 문외한이라면 더욱 경매 투자를 해야 한다.

　요즘 가성비가 소비의 주요 요소로 자리 잡았다. 무조건 싸다고 해서 구입하던 시절은 지났다는 말이다. 품질이나 디자인을 꼼꼼히 따져 보고 투자 대비 가치가 높아야 소비하는 것이 대세를 이루고 있다.

　부동산 경매 물건도 똑같다. 일반 매매 시장에서는 살 수 없는 것들이 경매 시장에서 살 수 있는 수준의 가격대로 진열된다. 이는 법이 정한 제도적 장치의 장점이다. 경매로 나온 부동산들은 채무자의 빚을 변제하는 데 목적이 있다. 결국 빨리 팔아 재고 처리를 해야 하는 속성을 지니고 있는 것이다. 돈이 많지 않아도 대출을 이용해 살 수 있도록 '경락잔금대출' 제도도 마련되어 있다. 돈이 없어도 빨리 사라는 뜻이다. 싸게 살수록 대출의 이점은 극대화된다.

　앞서 언급한 마전동 빌라의 낙찰가는 8,800만 원 수준이었다. 대출이 7,000만 원가량이었고 초기 투자금은 1,800만 원이었다. 임대 계약을 맺은 후 회수된 1,000만 원의 보증금을 제외하면 실제 투입된 돈은 800만 원인 셈이다. 워낙 깨끗해 60만 원 정도의 비용으로 수리가 마무리되었다. 가성비를 따져 본다면 일반 매매 시장보다 훨씬 뛰어나다고 할 수 있다.

　경매를 모르는 사람들은 '대출을 언제 다 갚지?'라고 생각한다. 하지만 갚지 않아야 한다. 내가 투자한 돈이 적을수록 수익률은 커지기 때문이다. 보유하면서 월세 수익을 보며 승계를 하면 된다. 조건별로 양도세가 적용되는 시점을 체크하고 시세 차익을 볼 수 있는 시기인지 점검한 후 매도 타이밍을 보면 될 것이다. 지금은 개인이 많은 수의 주택을 보유한 것보다 매매사업자나 임대사업자등록을 하는 것이 좋다. 음지에 있는 다주택자들을 규제하기 위해 만든 정책이 주를 이루고 있는 만큼 처음부터 당당하게 드러내고 사업을 하면 된다. 신고를 하고 투자하는 부동산 사업은 국가도 환영한다. 직장인도 별도의 사업자를 내는 것이 합법적으로 가능하다.

요즘 경매가 대중화되고 있다는 사실을 실감한다. 남녀노소를 막론하고 관심이 뜨겁지만 여전히 지레 겁을 먹는 사람도 많다. 경매라고 하면 '위험하다'는 인식은 여전하다. 많은 부동산 경매 교육 기관에서 권리 분석을 잘못하면 큰일 난다는 말을 많이 한다.

경매 물건 중에는 난해한 권리관계도 많지만 초보자가 어렵지 않게 해석할 수 있는 물건들이 상당수 있다. 국가가 부동산 사업을 하는 입장에서 상품에 하자가 있으면 소비자들의 불만이 쏟아질 것이다. 만일 하자를 숨기고 판다면 소비자의 불신은 커져 경매 시장을 찾는 사람은 거의 없을 것이다. 국가는 하자가 있는 부분은 반드시 표기를 한다. 그 부분은 꼭 확인하고 사라는 뜻이다. 위험을 감추지 않는다는 뜻이다.

초보자 입장에서는 굳이 어렵고 난해한 권리가 얽힌 물건보다 쉽고 명쾌한 물건부터 하나씩 섭렵하는 것이 좋다. 권리관계는 비교적 쉽지만 남들 눈에 띄지 않은 보석 같은 물건들을 고르면 된다.

제대로 배워 재대로 투자하는 기술을 익히면 부동산 경매에서 원금을 잃는 경우는 드물다. 원금을 잃기는커녕 다른 재테크에서 찾아볼 수 없는 3가지 수익 구조까지 챙길 수 있다.

첫째, 물건을 사자마자 차익을 보는 것이다. 시세보다 저렴하게 사기 때문에 그만큼 차익을 얻을 수 있다. 1억을 주고 사야 할 물건을 8,000만 원에 샀다면 2,000만 원을 절약한 셈이 된다. 경매는 제값을 주고 사지 않아도 된다는 점과 취득세 또한 일반 매매로 살 때보다 줄어든다는 점이 매력적이다.

둘째, 보유 중에 수익이 발생된다. 부동산은 사용 수익할 수 있는 재화이다. 빌려주고 사용비를 받는 장소의 개념이기 때문에 주인의 입장에서는 소유하는 것이 된다. 이는 직장인에게 가장 중요한 개념이다. 소유함으로써 남이 나를 위해 일하도록 만드는 구조이다. 이렇게 되면 내가 일하지 않아도 수입이 생긴다.

셋째, 팔 때 차익을 보는 것이다. 저평가되어 있는 지역의 부동산이라면 낙찰 당시 시세보다 높은 금액으로 팔 수 있다. 물론 이 부분은 미래 가치를 예견해야 하는 조사력이 필요하다. 잠재적인 수요를 이끌만한 호재가 있다면 반드시 오르게 되어 있다.

부자가 되려면 돈보다 시간 부자가 되는 방법을 터득해야 한다. 직장인은 월급 이외에 돈을 벌 시간이 없다. 평일 저녁이나 주말을 이용해 투잡, 쓰리잡을 하는 직장인들이 많다. 이는 몸을 혹사시키는 일이다. 부자가 되는 길과는 방향이 다르다. 머리를 써서 몸을 편하게 만들 수 있는 재테크 수단을 찾아야 한다. 어떤 일이든 돈을 들여서라도 시간을 아낄 수 있는 방법을 찾는 일에 매진해야 한다.

직장의 월급으로는 아이들을 키우며 하고 싶은 것에 제약이 따를 수밖에 없다. 1년에 한 건씩 제대로 투자해 보라. 이기는 기술을 축적해 나가며 수익을 쌓는다면 주말에 아르바이트를 할 필요가 없어질 것이다. 기술이 늘면 당연히 수익도 커지는 시기가 온다. 주저하지 말고 도전하기를 바란다. 결코 후회하지 않을 것이다.

돈이 없을수록
부동산 경매에 도전하라

어떤 일을 할 수 있고 해야 한다고 생각하면, 길이 열리게 마련이다.

– 에이브러햄 링컨 –

"돈이 전부는 아니지."

"먹고 사는 데 지장만 없으면 돼."

현재 당신은 얼마나 만족스러운 삶을 살고 있는가? 만족의 기준은 개인마다 다를 것이다. 평범하게 먹고 살 정도의 돈만 벌어도 좋은 사람이 있고, 이미 먹고 살만큼의 돈이 있는데도 끊임없이 부를 추구하는 사람이 있다. 돈이 인생의 전부는 아닐 것이나 돈으로 할 수 있는 것들은 꽤 많다.

대부분의 사람들은 매달 받는 월급으로 한 달을 생활하기에 부족하다고 말한다. 그런데 '돈이 많았으면 좋겠다'라는 바람만 가질 뿐 거기에서 멈춘다. 살을 빼고 싶지만 먹고 싶은 욕구를 참지 못하면 살을 뺄 수 없다. 저축을 하고 싶지만 중간에 써야 할 이유가 생기면 돈을 모을 수 없다. 적금을 넣기 시작했다가 그만두거나 한 달 생활비가 부족해 마이너스 통장을 사용하기도 한다. 그렇다면 왜 마음먹은 대로 잘되지 않는 것일까? 반대로 자신이 마음먹은 대로 일이 진행되는 사람들은 왜 그런 것일까? 돈이 많기를 바라지만 실제 잠재의식 속에는 간절함이 없는 경우가 많다. 돈에 대한 생각이 소극적인 사람은 부를 끌어당기는 힘이 약하다.

내가 돈이 왜 필요한지 깨닫기 시작한 것은 결혼을 하고 난 이후다. 아이가 태어나고 가정을 책임져야 하는 나이가 되면서 돈은 늘 벌어도 부족했다. 당시에는 돈에 대한 개념이 바로 서 있지 않았을 때다. 돈에 대한 개념을 바꾸지 않으면 돈은 절대 따라오지 않는다. 우리나라 중산층의 기준은 다른 나라들과 달리 경제적인 수준에 맞춰져 있다. 부채 없는 아파트 30평 이상을 소유하고 월 500만 원 이상의 급여를 받아야 한다. 자동차는 2,000cc 이상을 타며 예금 잔고가 1억 원 이상이 되어야 한다. 여기에다 해외여행을 1년에 한 차례 이상 다니는 것이 중산층의 기준이라는 조사 결과를 본 적이 있다.

이 기준대로라면 과거의 나는 정말 가난한 인생이었음이 분명하다. 돈은 없어도 마음만은 가난하지 않다고 말하고 싶은가? 이런 의식으로는 절대 가난을 벗어날 수 없다. 말 자체에 돈에 대한 욕망이 담겨 있지 않기 때문이다. 욕망이 없다는 것은 자석에 '자성'이 없다는 것과 같은 이치다.

돈에 대한 자성력은 돈을 좋아하는 습관으로 만들어진다. 돈을 좋아한다는 뜻은 두 가지로 나타난다. 하나는 '벌기'를 좋아하는 것이고 다른 하나는 '쓰기'를 좋아하는 것이다. 과거의 나는 '쓰기'를 좋아했다. '쓰기'를 좋아하면 돈은 감정에 따라 지출된다.

실제 나의 소비 습관은 되는대로 필요한 만큼 써야 하는 수준이었다. 워낙 계산적인 성향이 못 되어 일일이 따져 보지 않는 것이다. 없으면 안 썼고 있으면 필요한 곳에 쓰는 패턴을 반복했다. 이런 상황이 반복되다 보니 돈이 모일 리 만무했다.

나와 같은 사람이 있다면 돈은 최소한 계획을 갖고 쓰라고 권한다. 돈을 불리려면 적어도 목돈을 모을 때까지 인내하며 절약하는 것이 필수다. 목돈이 없으면 재테크의 속도는 더디게 된다.

작은 걸음은 그만큼 자주 걸어야 하고 시간도 오래 걸린다. 어릴 때부터 꾸준히 저축하고 투자하는 습관이 굳어진 사람은 그나마 괜찮다. 특히 40대를 바라보는 직장인들은 속도가 빠른 재테크를 선택해야 한다. 30대와는 다르게 40대는 순식간에 지나간다. 죽기 살기로 돈만 벌다 나이가 들수록 병원을 찾는 횟수가 늘어나고 즐길 여력도 사라지는 것을 보게 된다.

'돈이 없다'라고 습관처럼 말하는 사람은 죽을 때까지 투자할 돈이 생기지 않는다. '돈은 좋은 것이다'라고 습관처럼 말하는 것이 중요하다. 돈에 대한 자성력을 키우는 가장 쉬운 방법이다.

부자들은 돈을 좋아한다. 돈으로 할 수 있는 것들이 많기 때문이다. 그중 가장 가치 있는 것은 사람들의 시간을 사는 일이다. 자신이 굳이 일하지 않아도 다른 사람에게 대신 돈을 벌게 함으로써 자신이 누릴 수 있는 자유 시간이 늘어난다. 돈은 가족을 보살피고 사람들과의 관계를 유지하는 수단이 되기도 한다. 돈에 대한 욕망을 키우려면 돈보다 우선 내가 지금 해야 하는 일이 무엇인지 생각해 보자. 자신과 가족을 위해 무엇을 해야 할까. 하고 싶은 일의 목표를 명확하게 정한 다음 그 일을 하기 위해 드는 비용을 계산한다. 필요한 비용을 어떻게 벌어들일 것인지 구체적이고 현실적인 방법을 모색해야 한다. 당장 0.5초 이내에 실행할 수 있어야 한다. 쉬운 것 같지만 사람들은 쉬울수록 잘 하지 않는다.

대부분의 사람들은 어떤 일을 이루기 위해 난이도가 높은 실천 방법을 계획한다. 이것은 작심삼일로 이어지는 결정적인 원인이 된다. 땅에 씨앗을 묻고 흙을 덮듯, 돈은 좋은 것이라는 믿음을 잠재의식 속에 깊이 묻어야 한다. 마음 깊은 곳에 자리 잡을 때까지 붙잡아 두는 노력을 게을리하면 안 된다. 그렇지 않으면 욕망은 금방 연기처럼 날아가 버리기 때문이다.

돈을 불릴 생각은 있지만 불릴 돈이 없다면 어떻게 해야 할까? 불릴 돈이 없다는 것은 투자할 돈이 없다는 것이다. 지출되는 돈은 많은데 정작 들어오는 돈이 정해져 있다면 수입을 늘려야 하는 것이 옳다.

대부분의 직장인들은 평일 내내 직장에 얽매여 있다 주말이 되면 돈을 쓰러 나간다. 추가 수입을 벌 시간마저 없는 것이다. 나는 직장을 그만두고 1년 동안 독립하면서 통장의 잔고가 바닥을 드러냈다. 그래서 다시 직장에 들어갔고 그동안 밀린 카드 값을 갚느라 돈이 모일 틈이 없었다. 직장을 다니면서 추가 수입을 만들고, 신경을 쓰지 않고 내버려 두어도 다른 사람이 나를 위해 돈을 벌어다 주는 구조를 찾아야 했다. 부동산 임대 사업은 내 목적과 정확히 맞아 떨어졌다. 하지만 부동산을 살 돈이 없었다. 그래서 찾은 것이 부동산 경매 시장이다. 대출을 지렛대 삼아 소액으로 단기간 성과를 낼 수 있는 유일한 시장이었다.

결과가 보이는 투자를 하면서 심리적인 불안감은 사라졌다. 경매 투자의 수익 구조를 완전히 파악한 후부터 낙찰받은 금액 이하로 떨어지지 않을 물건만 선정해 입찰했다. 처음에는 주거 시설인 중소형 빌라 위주로 투자했다. 안정적인 데다 목돈이 적게 드는 장점 때문이었다. 비교적 거래도 잘되고 시세 차익은 적더라도 월세 수요가 탄탄한 지역이면 주저 없이 투자했다. 이후 의도적으로 서로 다른 지역에 있는 크고 작은 상가에 투자했다.

교육 사업을 병행하고 있는 나로서는 다양한 경험을 통해 투자 노하우를 전달하고자 하는 목적도 있었다. 경험이 쌓일수록 기술은 익어가고 수익은 높아졌다. 나의 경험은 교육생이 시행착오를 줄이고 단기간에 성공적인 투자를 할 수 있는 발판이 되었다. 세월을 번다는 것은 돈보다 더 큰 소득이다. 스스로 터득하기보다 나보다 앞서 간 사람에게 배워야 한다는 이유는 바로 여기에 있다.

돈이 없으면 빌려서라도 투자하라는 말은 아니다. 적어도 현재의 월급에 만족하지 못한다면 추가 수입을 벌 수 있는 방법을 끊임없이 강구해야 한다는 뜻이다. 아껴 쓰는 것만이 능사는 아니지 않는가. 수입은 늘리고 지출을 통제하며 목돈을 마련하는 데 전력을 기울여라. 처음만 어려울 뿐이지 돈이 돈을 벌 수 있을 때까지 노력을 지속해야 한다.

돈이 없어도 돈을 버는 기술을 익히는 데 투자하는 것은 중요하다. 대부분 돈이 생기면 그때부터 투자할 생각이라고 말한다. 하지만 그런 생각은 틀렸다. 돈을 버는 가장 빠른 길은 배우는 즉시 투자하는 것이다. 혹은 배우면서 투자하는 것이다. 보석을 발견하는 법을 터득하면 돈은 만들어진다.

부동산 경매 투자의 좋은 점 중 하나는 자본 운용 능력이 생기는 것이다. 사업가적인 기질을 키울 수 있다. 사업가는 돈이 없어도 돈을 만들어내는 능력이 있다. 돈을 만든다는 개념은 돈의 속성을 이해하고 잘 이용할 수 있다는 말이다. 돈의 흐름이 어떻게 이어지는지 맥락을 짚어낼 수 있다. 경매 기술을 익히면 투자를 반복하는 과정에서 투자 전략을 세운다. 전략을 실행하는 과정에서 의도치 않은 세부적인 일들을 해결하는 능력도 생긴다. 다시 말하면 경매 기술은 자신감을 주는 역할을 한다. 돈을 버는 기술을 습득하면 언제든 돈을 벌 수 있는 준비가 되어 있다는 말과 같다.

2015년 9월 모 패션 매거진에서 가수 아이유에게 '예전에 비해 경제적으로 꽤 풍요로워졌을 텐데, 삶도 그만큼 행복해졌는지'에 대해 묻자 그녀는 이렇게 대답했다.

"돈을 많이 가졌다고 해서 모두가 행복한 건 아니라는 말이 있다. 틀린 건 아니지만 어떻게 생각하면 돈이 있어서 행복해질 수 있는 가능성은 조금 더 커지는 것 같다. 숫자에 휘둘리지만 않으면 된다. 확실한 건 돈은 사람에게 뭔지 모를 자신감을 심어 준다."

지금 당장 돈이 없어도 돈 버는 기술을 배우는 일은 중요하다. 돈을 벌 기회는 당신이 돈을 모을 때까지 기다려 주지 않기 때문이다. 부동산 경매로 돈 버는 기술을 익히며 투자를 준비하라. 돈이 없을수록 돈을 모으는 일에 집중하라. 최소한의 목돈으로 투자할 수 있는 방법을 모색해야 한다. 가성비가 큰 투자일수록 수익률은 커진다. 당신과 가족의 미래는 당신이 돈을 대하는 태도에 따라 완전히 달라질 것이다. 돈이 없어도 돈을 벌 모양새부터 갖추어라.

부동산 경매로
부자 시스템을 구축하라

진정 소중한 자유는 단 하나, 경제적인 자유가 바로 그것이다.
- 윌리엄 서머셋 모음 -

"교수님, 따뜻한 커피 한 잔 부탁해요."

내가 일하는 사무실의 전체 건물을 청소하고 관리하는 할머니가 계신다. 부동산을 여러 채 보유하고 있는, 일흔을 훨씬 넘긴 자산가다. 월 1,000만 원 이상의 임대료를 받고 있으면서도 관리소장을 고용하는 비용은 낭비라며 건물 관리를 손수 도맡아 하신다. 특별한 일이 없을 때에는 명동에 있는 주거래 은행을 찾아 자산 운용에 대한 상담을 하거나 세무 담당을 만나신다. 나머지는 독서하는 데 시간을 보내는데 나에게도 좋은 책을 추천해 주신다. 가끔 이른 아침, 사무실에 오셔서 30분 정도 담소를 나누는데 이런 말이 기억에 남는다.

"일은 죽도록 할 필요가 없어. 딱 할 일만 하고 나머지 시간은 자유롭게 쓸 수 있어야 해."

만약 당신이 직장에서 월급을 버는 데 모든 시간을 보낸다면 부자가 될 확률은 거의 없다. 남이 만들어 놓은 회사에 다니며 회사의 돈을 벌어주는 데 세월을 보내게 되기 때문이다. 가난한 사람들의 특징은 직접 몸을 써서 일해야 돈을 벌 수 있다고 생각하는 것이다. 스스로 돈을 버는 시스템을 만들 생각은 하지 못한다. 직접 뛰지 않고 돈이 벌린다면 어떤 일이 일어날까? 시간적인 자유가 확보된다.

직장인들이 이런 마인드가 없는 것은 지시를 받는 입장에 있기 때문이다. 지시를 내리는 입장에서 사회활동을 하는 사람들은 대부분 사업가다. 사업가는 다른 사람에게 지시를 내리고 일을 시킨다. 일에 대한 전체적인 그림을 그릴 줄 알고 방법을 조율한다. 직장인과 마인드가 180도 다르다.

사업가는 더 많은 돈을 벌기 위해 알아서 돌아가는 시스템을 만드는 데 시간을 들인다. 그렇게 번 돈은 다른 사람의 시간을 사들이는 데 사용된다. 시스템이 번 돈으로 또 다른 사업을 도모하며 사업은 지속적인 성장을 거듭한다. 직장을 다니면서도 이런 사업가 마인드를 갖춰야 한다. 고여 있는 물은 썩기 마련이다. 아무리 피땀 흘려 모은 돈도 굴리지 않으면 소용없다.

나는 어떤 기술을 배울 때 비용이 들더라도 항상 10배 이상의 가치를 창출하겠다는 자세로 임한다. 가난한 사람들은 어떤 분야를 배우고자 할 때 '비용이 얼마나 들까?'라는 생각을 먼저 한다. 하지만 부자들은 자신이 배운 것으로 '얼마를 더 벌어들일 수 있을까?'를 생각한다. 당연히 멀리 보지 못하는 시야는 돈을 벌 수 있는 기회를 가로막는다.

직장을 다니며 현재의 재정 상태를 개선하는 방법은 단 한 가지다. 알아서 돈을 벌어다 주는 재테크에 관심을 돌려야 한다. 어떤 기술을 선택하느냐에 따라 삶의 질은 달라진다. 기술을 선택하는 문제는 자신의 투자 성향과도 직결된다. 지속적이고 꾸준히 할 수 있는 것이어야 한다.

이 책에서는 부동산 경매로 돈 버는 기술에 대해 말하고자 한다. 내가 선택하고 경험한 재정적 자유를 누구나 누릴 수 있다는 것을 알려 주고 싶다. 여기서 재정적 자유란 무분별하게 소비할 수 있는 여력을 뜻하지 않는다. 직접 일하지 않아도 생활이 가능한 수준의 재정적 자립 능력을 의미한다. 즉 내가 일하는 대신 시스템이 나를 위해 일하는 것이다. 황금알을 낳는 거위를 키우는 일에 시간을 투자하라.

투자를 하려면 소비 습관부터 점검하는 것이 필수다. 그런 뒤 자신이 잘할 수 있는 재테크에 눈을 떠야 한다. 아직도 재정적 자립을 위한 준비가 되어 있지 않다면 나에게 도움(휴대전화 010.5196.5139)을 요청하는 것이 시간을 아끼는 지혜일 것이다.

내가 부동산 경매를 부자 시스템으로 선택한 이유는 몸을 직접 쓰는 일을 좋아하지 않아서다. 사람은 자신의 약점을 보완하는 쪽으로 머리를 쓴다. 나 또한 예외는 아니었다. 자신을 냉정히 볼 줄 알아야 한다. 단점이 무엇이고 원하는 것이 무엇인지 판단한 후 대안이 될 수 있는 수단을 찾으면 된다.

나는 누가 알아서 돈을 가져다주면 좋겠다는 생각을 했다. 지금 당장 내가 할 수 있는지 없는지는 중요하지 않았다. 내가 원하는 목표를 미리 설정하는 것이 핵심이다. 안 될 것이라는 생각을 단 한 번도 해 본 적이 없다. 방법을 찾아야 한다는 생각만 했을 뿐이다. 시간이 오래 걸리는 것도 싫었다. 단번에 큰 충격을 주어 완벽한 변화가 있기를 바랐다. 결국 부동산을 빌려주고 세입자가 월세를 벌어 주는 구조가 나에게 가장 편한 방식이라는 결론을 내렸다. 어떤 사람들은 관리가 번거롭다는 걱정을 한다. 하지만 나는 그 일을 즐길 준비가 되어 있었다. 다수의 사람들이 모두

하고 싶어 하는 일은 가치가 없다고 생각한다.

일반 부동산 매매 시장에서는 초기 자금이 꽤 필요하다. 실투자금이 되도록 적게 들어가야 부담을 줄일 수 있다. 초기에 자금이 거의 없었던 나로서는 부동산 경매가 부자 시스템을 구축하기에 안성맞춤이었다. 재테크 도구를 택할 때에는 자신의 자질과 열정에 부합되는지 따져 봐야 한다. 그래야 그 일에 능력을 온전히 발휘할 수 있다. 관리하는 일 자체도 번거롭다면 부동산으로 부자 시스템을 만드는 일은 적합하지 않다. 책상 앞에 앉아 손가락 하나로 키보드를 두드리는 것이 편하다면 주식 쪽에 눈을 돌리는 것이 바람직할 것이다. 어떤 재테크든 장점이 있으면 단점도 있기 마련이다. 내가 선호하는 장점이 불편할 수 있는 단점들을 충분히 덮을 수 있다면 감내하는 상황도 받아들여야 한다.

이렇게 나에게 맞는 기술을 결정하고 투자를 시작할 목돈을 마련했다면, 그다음은 사용법을 익혀야 한다. 요리사가 칼을 사용하면 훌륭한 요리를 만들지만 강도가 그 칼을 들면 흉기가 된다. 같은 칼이라도 사용하는 사람과 사용법에 따라 전혀 다르게 변한다는 것을 알 수 있다.

사람들은 같은 수강료를 지불하고 같은 기간 영어 학원을 다닌다. 어떤 사람은 영어로 말하고 어떤 사람은 말은커녕 듣는 것도 잘 안 된다. 같은 조건이 주어져도 그 조건을 수용하는 사람의 자질이나 의지에 따라 결과는 달라진다. 결국 자질과 의지를 지탱하는 것은 목적의식이다.

목적의식에 대한 간절함이 뒷받침되는 순간 가장 빠른 속도로 목표는 이루어진다. 일반 부동산 투자는 전문가의 의견에 의지하는 비중이 크다. 미래 가치에 대한 기대감 또한 큰 재테크이다. 이에 반해 부동산 경매는 자신의 힘을 직접 쏟아야 하는 능동적인 재테크다. 열정을 지속적으로 유지해야 부자 시스템이 완성되는 시장이라 할 수 있다.

직장인에게 부동산 경매 투자를 권하는 이유는 가성비를 극대화할 수 있기 때문이다. 문재인 정부의 8.2 부동산 대책 이후 부동산 투기 지역을 제외하고 3,000만 원 정도로 소형 빌라에 투자하는 것은 수월하다. 일반적으로 보증금 1,000만 원에 매달 40만 원의 월세 수준은 어렵지 않게 찾을 수 있다. 보증금이 회수되면 실제 투자된 금액은 2,000만 원 내외 수준이 된다. 여기서 세금이나 수리비는 상황에 따라 다르긴 하나 300만 원 내외의 수준이니 고민할 필요는 없다. 부동산 경매로 부자 시스템을 만들기 위한 첫 투자금은 2,000~3,000만 원 정도가 필요하다고 보면 될 것이다.

소비성 지출을 줄이고 첫 투자금을 모으는 일에 집중하라. 첫 단추를 잘 끼우는 순간 경제적 자유를 누릴 수 있는 기회에 한

걸음 다가서게 된다. 낙찰을 받고 임대계약을 맺어 건물주가 되고 월세를 받아 보면 세상이 다르게 보일 것이다. 지금껏 나의 노동으로 돈을 벌었던 때와는 느낌이 전혀 다르다는 것을 알게 된다. 나를 위해 돈이 돈을 버는 시스템을 구축하는 순간 든든함을 느낄 것이다. 굳이 수십여 채를 보유하려고 하지 마라. 자신의 자금 여건에 맞춰 월세수익형 또는 전세금을 활용한 시세차익형 투자를 병행하며 돈을 불려나가는 데 집중하면 된다.

부자 시스템은 양보다 질이 중요하다. 초보자는 손이 덜 가고 임대 수요가 끊임없이 일어나는 질 좋은 부동산을 골라 시스템을 구축하는 것이 좋다. 부자 시스템을 구축하는 본질적인 목적은 돈과 시간에서 자유로워지는 것이다.

부동산은 내가 일할 시간과 돈을 벌어 준다. 시간은 돈보다 중요한 자산이다. 아껴진 시간에 또 다른 가치를 창출하는 일이 가능해진다. 지금 당장 부동산 경매로 부자 시스템을 구축하라. 주저하지 말고 부동산 공부를 시작하라. 은퇴 후 나는 어떤 삶을 살 것인지 목표를 정하는 일은 굉장히 중요하다.

목표는 구체적인 날짜와 수치가 있어야 성공할 확률이 커진다. 허황된 크기의 목표는 삼가고, 현재 환경에서 자신의 능력으로 당장 결과물이 나올 수 있는 목표치를 만들어 보자.

부동산 경매 투자에서는 완벽한 성공을 단기간에 이루는 것이 중요하다. 그다음 성공은 훨씬 이루기 쉽다. 작은 성공이라도 성취감은 크기 때문에 성공이 쌓이면 자신감은 극에 달하게 된다. 그리고 더 큰 기회가 찾아왔을 때 절대 실패하지 않는다. 자신이 원하는 미래는 오로지 자신에게 달렸음을 잊지 말자.

PART 3

부동산 경매 투자를 하기 전에 꼭 알아야 할 것들

부동산 경매 시장의 진실

2017년 현재 저금리가 지속되고 은행 시중 금리가 1%대를 웃돌고 있는 상황이 계속되고 있다. 법원에는 1회 유찰을 노리고 들어오는 사람들로 북적거린다. 그러나 낙찰률이 높다는 기사가 연일 보도되고 경매 시장도 이제 별 볼 일 없다는 볼멘소리가 터져 나온다.

인터넷에 떠도는 기사들 중 '전국 주거 시설 낙찰가율이 90%를 기록했다. 이는 2001년 1월 경매 통계 작성 이후 가장 높은 수치다. 실제 서울 지역 아파트 평균 낙찰가율은 102%를 기록했다'와 같은 내용을 심심찮게 보았을 것이다. 이 기사를 보는 순간 경매 투자는 접어야겠다는 생각이 들게 된다.

낙찰가율이 높다는 말의 이면에는 어떤 뜻이 담겨 있을까. 시세가 감정가보다 높다고 판단이 들면 낙찰가율이 100%에 근접할 수 있다. 실거주자가 입찰할 경우에는 낙찰가율은 더욱 높아진다. 시세와 감정가가 같거나 오히려 감정가보다 시세가 낮음에도 불구하고 감정가에 준하는 낙찰가를 쓰기도 한다. 그 집은 꼭 낙찰을 받아야 하는 사연도 존재한다.

울산에 거주하고 있는 직장인 정용화 씨는 두 아이를 둔 가장이다. 그는 나에게 개인 경매 교육을 받고 의정부에 있는 아파트를 낙찰받았다. 전용 25평의 비교적 큰 평수였지만 역세권과도 거리가 멀었고, 뒤로는 산을 등지고 있고 세대수도 극히 적어 브랜드 가치도 없는 곳이었다. 이런 상황임에도 감정가와 얼마 차이가 나지 않는 금액으로 낙찰받았다. 그런데 월세 계약을 맺어 보증금을 회수하니 투자 원금이 거의 들어가지 않았다. 가성비가 정말 좋았던 투자였다.

하루는 경매 교육을 시작하던 초기에 기초 과정을 수강했던 강문영 씨에게 연락이 왔다. 그는 인천에 있는 종합병원에서 근무하고 있었는데, 경매로 집을 한 채 사고 싶다고 했다. 도보로 출퇴근이 가능해야 하고 저층을 선호했다. 그러나 경매 물건은 자신이 원하는 시기에 원하는 물건이 나오지 않기 때문에 기다렸다.

　미팅을 하고 두 달 정도가 지났을 무렵, 조건에 맞는 물건이 약속이나 한 듯이 나타났다. 전용 17평이 조금 넘는 빌라였는데, 감정가는 1억 2,000만 원으로 1회 유찰가는 8,400만 원이었다. 시세는 1억 3,000만 원 수준으로 총 28명이 입찰을 시도했고 1억 1,800만 원 수준으로 낙찰받았다. 98.5%라는 높은 낙찰가율이었다. 실거주이기 때문에 가능한 금액이다. 경매 시장에서 실거주 목적은 큰 시세 차익을 바라보고 투자하지 않는다는 사실을 기억할 필요가 있다.

　최근 문재인 정부의 8.2 대책은 고강도 규제 내용을 담고 있다. 그중 다주택자에 대한 전방위적 압박을 가하는 규제들이 눈에 띈다. 투기는 절대 용납하지 않겠다는 정부의 의지가 적극적으로 반영된 것이다. 꼭 투자 좀 하려고 마음을 먹으면 그때마다 이런 규제들이 터져 나온다. 하지만 이런 규제들로 인해 투자하고 싶은 생각이 사라질 필요는 없다. 오히려 이런 기회를 어떻게 활용할 것인지 고민해야 할 것이다. 과거부터 지금까지 부자들은 이런 기회를 이용해 돈을 벌었다는 사실을 잊지 말아야 한다.

　노무현 정부 시절을 살펴보면 그 당시 부동산 투자를 잘했던 자산가들은 더욱 부자가 될 수 있었다. 세계적으로 부동산 시장이 호황이었고, 부동산으로 시세 차익을 볼 수 있는 기회가 많았기 때문이다. 과거의 경험을 살피면 미래를 예측할 수 있다. 그러나 부동산은 늘 예외였다. 정부의 각종 규제의 방향과는 다르게 예측할 수 없는 방향으로 상승했기 때문이다.

2003년 10.29 대책의 영향으로 부동산 거래가 주춤했고 미분양이 늘어났다. 이런 억제 정책으로 신규 주택 공급이 감소되는 상황이 발생한 것이다. 대출 규제가 강화되면 건설사들의 분양 공급에 제동이 걸리는 것은 당연하다. 과거 신규 주택 공급 물량을 살펴보면 2002년에는 66만여 가구, 2003년에는 58만여 가구, 2004년에는 46만여 가구로 감소세를 이어갔다. 2008년에는 37만여 가구로 사상 최저 수준을 기록했다. 이 와중에 2005년부터 상승세를 타면서 8.31 대책이 나오기 전까지 서울의 집값 상승률은 5%를 넘어섰다.

참여 정부의 규제책은 3개월을 버티다 효과가 감소하기 시작했고 부동산은 오히려 서서히 상승했다. 특히 강남 재건축 단지에 규제가 집중되면서 노원구와 도봉구, 강북구에 풍선 효과가 나타났다. 2010년까지 38만여 가구의 주택이 공급되고 2015년 이후의 부동산 가격은 다시 오르기 시작했다. 대책 초반에는 규제가 잘 먹히는 듯 보이지만, 다시 제자리를 찾거나 오르는 현상이 되풀이되는 것이다.

문재인 정부의 규제 수위는 참여 정부보다 높고 제한하는 내용도 추가되었다. 세제에 치중하고 수요를 억제하는 모양새다. 하지만 수요가 많은 지역에 공급을 늘리는 대책이 부족한 것이 경매 투자자들에게는 기회가 된다. 한쪽이 눌리면 어느 한쪽은 반드시 부풀어 오르기 때문이다.

경매 교육을 하면서 최근 몇 년간 느낀 점은 정말 많은 사람들이 경매 시장에 뛰어들고 있다는 사실이다. 특히 30대 직장인들의 재테크 수단으로 부동산 경매 투자 열기가 뜨겁다. 더욱 놀라운 것은 20대들도 깊은 관심을 갖고 공부를 한다는 것이다.

2015년, 당시 28세였던 전미란 씨가 교육을 받기 위해 찾아왔다. 그녀는 고등 교육이 본인에게 필요 없다고 생각하고 중퇴를 한 후 독학과 사업을 통해 돈을 벌었다. 경매 투자를 하기 전 저렴한 빌라를 급매로 몇 채 매입해 월세를 받고 있었다. 수익이 적은 탓에 상가를 경매로 취득하려는 목표를 가지고 교육을 시작했다.

경기도 성남에 있는 전용 30평대의 상가를 찾았고, 8호선 수진역과의 거리는 불과 도보로 2분 거리였다. 상권이 다소 처져 있는 역세권이었지만, 큰 욕심 없이 입찰을 결정한 물건이었다. 3억 4,000만 원의 감정가가 49%까지 유찰되어 2억 1,000만 원대의 금액으로 낙찰받았다. 또한 이 이후 포천에 있는 가성비 좋은 빌라를 낙찰받았다는 소식도 들려주었다. 지금까지 본 교육생들 중 가장 추진력이 좋아 기억에 남는다.

투자의 성패는 사람의 성향에 의해 크게 좌우된다. 기질과도 연관이 있는데 본래 가지고 태어난 유전자가 사고방식과 습관을 결정하기 때문이다. 금방 뜨거워졌다가 금방 식어 버리는 성향은 주식 시장에서 종종 볼 수 있다. 일반적인 투자자들은 불빛이 보이면 그 불빛만 보고 달려든다. 눈앞에 보이는 이익만을 쫓는 경향이 비일비재한 것이다. 그러다 팔 기회를 노리며 전전긍긍하는 모습을 보게 된다. 가난한 사람들은 항상 대중이 움직이는 방향으로 귀를 기울인다. 하지만 남들이 생각하지 못하는 길을 모색해야 돈을 벌 수 있다.

부동산 경매 시장에서 초보자가 수익을 내는 것은 쉬운 일이 아니다. 초보자들은 너무 복잡하고 멀리 생각하는 경향 때문에 실패를 반복하게 된다. 경매 투자에서 필요한 기본 실무 지식만 이해하면 손실을 막을 수 있다. 막상 자신의 돈으로 투자하면 이성을 잃고 판단력이 흐려지기도 한다. 돈 앞에 나타나는 인간의 본성이다. 인내력과 이성적 판단력을 기르는 데 시간을 투자해야지, 그렇지 않으면 초보자는 이 한계를 극복할 수 없다. 그리고 꾸준히 공부하면서 기회가 왔을 때 한 번에 낚아채야 한다. 만약 운 좋게 첫 입찰에 성공했다고 해도 방심은 금물이다. 투자는 늘 한결같은 마음으로 임해야 큰 성공을 거둘 수 있다. 부동산 경매 시장은 사람들의 욕망이 다투는 곳임을 기억해야 할 것이다.

경매 물건은 어디에서 찾을까?

인터넷이 발달하지 않았던 시기에는 옷을 직접 만져 보고 입어 본 후 구매를 결정했다. 하지만 지금은 쇼핑할 시간적 여유조차 없다면 굳이 직접 가지 않아도 된다. 만져 보고 입어 보지 않아도 사는 재주는 자주 살수록 늘게 마련이다. 요즘은 대부분 구입 채널이 다양해지고 간편해 불편함 없이 모든 상품들을 구매할 수 있다. 이렇듯 부동산도 하나의 상품이라고 생각하면 쉽다. 그렇다면 이렇게 반문할 수도 있을 것이다.

"집은 보고 사야 하지 않나요?"

맞는 말이다. 이사를 가기 위해 집을 구할 때 가고자 하는 지역의 부동산 업소에 방문한다. 몇몇 집을 직접 둘러보고 마음에 드는 곳을 골라 의사를 결정한다. 부동산 경매 시장은 직접 방문하기 전 단계가 존재한다. 마치 옷을 사려면 의류 쇼핑몰 사이트에 접속하는 것과 같은 절차다.

부동산은 무겁고 큰 재테크다. 당연히 옷과 비교하기에 무리가 있다고 여길 수 있겠으나 쉽게 생각하고 자주 볼수록 친근해진다. 옷을 판매할 때 쇼핑몰 주인은 사진을 찍어 가격을 표시해 사이트에 올려놓는다. 그런데 가격만 올리면 사람들은 옷에 대한 정보가 없으니 사지 않을 것이다. 사이즈나 재질, 그리고 모델이 입었을 때의 느낌을 보고 구매를 결정한다. 일상적이고 당연한 내용이라고 생각하지만 부동산 경매도 이와 같다.

부동산 경매는 국가가 하는 사업이다. 사업은 상품을 팔아 돈을 버는 것을 의미한다. 상품을 팔려면 진열을 해야 할 것이다. 그냥 진열만 하면 팔리지 않는 것처럼 부동산에 대한 규모나 구조, 재질, 그리고 외관의 모습이나 주변 상황들의 정보가 있어야 한다. 부동산의 규모나 구조는 몇 층에 몇 평짜리이며 벽돌 구조인지 콘크리트 구조인지를 뜻한다. 또 주변 교통이나 편의 시설, 그리고 외관 등을 사진으로 찍어서 상황까지 구체적으로 설명해 준다.

왜 국가는 친절하게 설명해 줄까? 팔아야 하니까 그렇다. 경매를 통해 각종 세금과 수수료를 버는 사업인 것이다. 팔고 나면 문제가 생기지 않아야 하니 가격에 대한 설명을 함께 곁들여 판매하는 것이다. 그러니 미리 잘 살피고 사라는 뜻이 담겨 있다. 우리가 마트에서 분유를 살 때에도 유효기간과 성분을 꼼꼼히 보고 사는 것과 마찬가지다. 이렇게 국가는 각종 상품들의 정보를 기재해 두고 경매로 넘어오는 부동산을 사이트에 진열한다. 직접 보고 사라는 것이다. 옷을 사려면 의류 쇼핑몰에, 부동산을 경매로 사려면 바로 이런 부동산 상품들을 모아 둔 사이트에 가서 고르면 된다. 곧바로 부동산을 보러 갈 필요는 없다. 상품을 먼저 고르고 진단한 후 투자할 결심이 섰다면 그때 상품을 직접 보러 가면 되는 것이다.

부동산 경매 물건들을 모아 진열한 곳이 '대한민국 법원 법원 경매정보' 사이트다. 인터넷 검색을 하면 볼 수 있다. 해당 사이트는 국가에서 운영하는 '부동산 마트'라고 생각하면 된다. 전국에서 경매로 넘어온 각종 부동산을 이곳에 모아 둔 것이다. 무료이므로 언제든지 이용이 가능하다. 경매 관련 지식과 절차, 관련 서류 양식을 다운받아 쓸 수 있다.

이제 경매 물건을 어디에서 찾아야 할지 알았다면 자신이 원하는 경매 물건은 어떻게 찾아야 할까? 살을 빼기 위해 수영을 배우기로 결심했다고 가정하자. 수영복이 필요할 것이므로 수영복을 파는 전문점에 가서 자신에게 맞는 사이즈를 찾아 구매하면 된다.

'대한민국 법원 법원경매정보' 사이트에 접속하면 아래의 그림 1과 같이 우측 상단에 있는 메뉴가 보일 것이다.

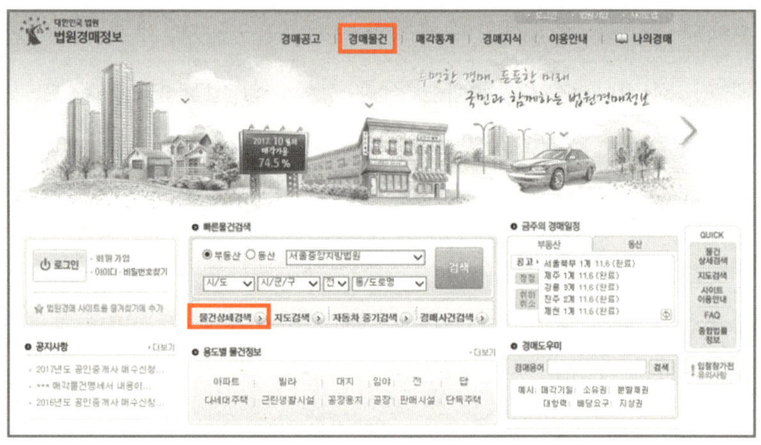

(그림 1)

두 번째에 위치한 '경매물건'을 클릭하면 맨 앞에 '물건상세검색'이 보인다. 이곳을 클릭하면 뭔가 복잡해 보이는 내용들이 화면 가득 차 있다. 하지만 쇼핑몰 사이트에 옷을 구경하러 온 것처럼 생각하면 된다.

사람의 뇌는 처음 보는 내용이나 처음 듣게 되는 정보들에 대해 거부감을 느낀다. 한 번도 경험하지 않았거나 익숙하지 않은 것들은 더욱 그렇다. 특히 법률 용어로 가득한 문서들은 더 심하다. 편견을 잠시 내려놓고 들여다보자. 자신이 살고 있는 지역이 예를 들어 서울 강북구 수유동이라면 소재지를 클릭해 보자.

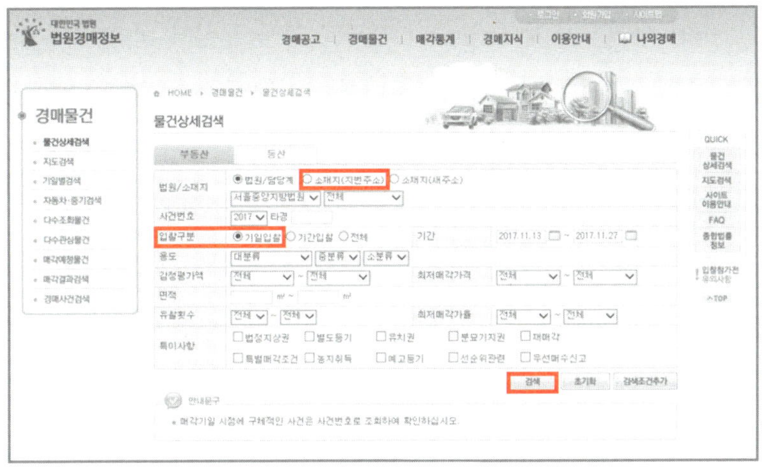

(그림 2)

서울특별시를 선택하고 강북구와 수유동을 선택하면 된다. '사건번호'는 별도로 기입하지 말고 입찰 구분란에서 '기일입찰'을 체크한다(그림 2). 기일입찰이란 각 지역의 법원이 경매 물건의 매각을 지정하는 날짜를 말한다. 쉽게 말해, 상품을 판매할 일정을 알려 주는 날짜를 뜻한다. 그리고 우측 하단에 있는 검색 탭을 클릭하면 수유동에 있는 다양한 경매 물건들을 볼 수 있다. 내가 살고 있는 지역의 경매 물건들을 한눈에 볼 수 있는 것이다.

앞서 언급한 사이트는 무료이지만 유료 사이트도 존재한다. 대한민국 법원 법원경매정보 사이트의 기본적인 데이터를 재배열해 나름대로 보기 좋게 정리한 사설 사이트들이 있다. 인터넷 쇼핑몰 사이트들은 저마다 상품을 소개하는 방식이나 디자인이 다르다.

어떤 사이트는 보기 불편할 정도로 상품 구성이 되어 있어 구매 고객을 끌지 못한다. 어떤 사이트는 한눈에 보기 좋게 정리되어 있어 구매력을 높이는 곳이 있다. 이렇듯 사설 경매 정보 사이트는 나름대로의 배열 방식을 통해 고객을 유치한다. 대한민국 법원 법원경매정보 사이트가 재래시장이라면 사설 경매정보 사이트는 마트라고 생각하면 쉬울 것이다.

마트는 생선은 생선대로, 음료수는 음료수대로, 채소는 채소대로 쇼핑하기 편하도록 분류해서 진열한다. 자신이 보기 편한 사이트를 선택해 부동산을 나들이하듯 자주 둘러보라. 부동산과 친해지는 비결이 될 것이다.

어떤 부동산이 우량 물건일까?

당신이 직업을 선택할 때 가장 우선시했던 것이 무엇이었는가? 전공을 살릴 것인지, 전공과는 별도로 적성을 살릴 것인지 한 번쯤 고민해 보았을 것이다. 이것도 아니라면 돈을 많이 벌 수 있는 직업으로 선택했을지도 모른다. 수많은 직종이 존재하지만 지금의 직업에 만족하고 있는 직장인은 그리 많지 않다. 그 이유는 적성에 맞지 않거나 연봉이 적을 수도 있고 복지 환경이 열악할 수도 있다. 연봉도 많고 복지 수준도 좋고 적성에도 맞는 직업이라면 그야말로 멋진 인생을 살고 있을 테지만 현실은 그렇지 않다. 다소 부족한 점이 있더라도 만족해야 한다.

부동산을 고를 때도 이와 같다. 만족스럽지 못한 부분이 있더라도 수익을 얻는 데 큰 장애가 되지 않는다면 우량 물건인 것이다. 우량 물건을 판별하기 위해서는 꼭 지켜야 할 2가지 원칙이 있다.

첫째, 투자할 돈의 규모를 결정하라.

자신이 보유하고 있는 돈의 규모에 따라 우량 물건의 기준이 달라진다. 명품 가방을 하나 사려고 해도 몇 달을 어렵게 모아야 산다. 돈이 된다 해도 내가 살 수 없는 상품이라면 소용없는 일이다. 투자에 올인할 수 있는 금액인지 명확히 해야 한다. 투자금이 생활을 지탱하는 용도로 회수될 여지가 있는지 냉정하게 판단한 뒤 돈이 없을수록 단번에 성공해야 한다.

제대로 배우고 익혀서 빠른 시간 안에 투자금을 회수하고 수익을 창출하는 것은 중요한 문제다. 이는 금전적 성공을 뛰어넘어 더 큰 의미가 있다. 인간의 뇌는 목표로 하는 일이 크고 작음을 떠나 성취했던 일만 기억한다. 이 성취감은 자신감이라는 자기 확신을 만들고 다음 투자를 이어가게 하는 원동력이 된다. 투자할 돈이 한 푼도 없는가. 자신의 소비 습관을 잘 살펴보기를 바란다.

둘째, 자신의 투자 성향을 객관적으로 판단하라.

부동산 경매는 낙찰가에 대한 10%의 보증금을 입찰 당일 먼저 납입하고 한 달 후 잔금을 지불한다. 돈이 없다 해도 한 달 후 지불할 능력이 된다면 투자를 해도 좋다. 만일 갖고 있는 돈 안에서 해결을 해야 안심이 되는 성향이라면 투자 대상은 달라진다. 이것은 돈을 만들어내는 자신의 능력과도 관련된다. 어떤 방법으로든 돈을 만들어 낼 수 있는 자신감이 있는 성향은 공격적인 투자가 가능하며 수익 또한 크다. 이에 반해 보수적인 성향이라면 수익은 적을 것이다. 하지만 낙담할 필요는 없다. 사람은 자신의 역량에 맞춰 커지는 때가 있다. 인생에 한 번은 반드시 자신의 재능이 꽃 피우고 돈을 벌 시기가 올 것이니 절대 실망할 필요는 없다.

최근 적성을 찾아 진로를 결정하고 취업을 하는 직장인들이 늘어나고 있다. 자신의 역량을 발휘해 창업 전선에 뛰어드는 사례도 많다. 적성에 맞는 직업을 택한다는 것은 중요한 문제다. 그렇다면 우량 물건에 대한 설명을 하다 갑자기 적성 이야기는 왜 하는 것일까?

부동산 경매 투자에서 우량 물건이란 지극히 상대적으로 접근해야 하기 때문이다. 월급이 적어도 퇴근 시간이 빠르고 여가 시간을 충분히 활용할 수 있는 회사라면 만족하는 사람이 있다. 또 야근을 밥 먹듯이 해도 돈을 많이 주면 만족하는 사람도 있다. 물론 월급도 많고 복지 수준도 좋으면서 야근이 없다면 금상첨화일 것이다. 하지만 이런 회사를 찾기란 어렵다. 그렇다면 어떻게 할 것인가. 두 마리 토끼를 잡으려다 한 마리도 잡지 못하게 된다.

돈이든 시간이든 선택해야 한다.

부동산에서 우량 물건이란 이와 같은 맥락으로 해석하면 된다. 단점이 존재하더라도 만족할 만한 장점을 지닌 부동산이라면 조사해 보는 것이다. 단점이 있는 부동산의 기준은 연식이 오래 되었거나 명도가 어려워 보이는 물건을 말한다. 또 특정 부동산 업소에서 나쁜 평가를 내리는 물건이라면 관심을 가져야 할 대상이다.

한번은 성남에 있는 상가(사진 1, 2)를 낙찰받기 위해 교육생 이정윤 씨가 시세를 조사하는 과정에서 생긴 일이다. 2년 이상 공실이었고 연식이 오래된 전용 30평 후반의 2층 상가였다. 그가 직접 조사한 시세 조사 내용을 받아 보니 해당 물건 1층에 위치한 부동산 업소에서 가장 부정적인 평가를 내리고 있었다. 임대도 잘 안 되고 월세도 형편없다는 내용이었다. 매매가는 말할 것도 없었다. 나는 이 결과를 보고 직감적으로 이상한 생각이 들었다.

'왜 기를 쓰고 나쁘게 이야기할까?'
'혹시 방해하려고 하는 걸까?'

이 예감은 어김없이 적중했다. 입찰하려고 하는 물건 바로 옆 상가 주인이 1층 부동산 업소와 결탁해 현장을 방문한 입찰자들에게 나쁜 의견을 쏟아낸 것이다. 입찰가를 낮춰 저가에 낙찰받기 위해서였다. 그들이 실제 법원에 나타난 것을 확인했고 교육생을 포함해 총 3명이 응찰했다. 결국 교육생이 낙찰받았다. 당시 공실 기간이 우려되는 불경기에 2개월 만에 임대 계약이 성사되었다.

소재지	○○도 △△시 ○○구 ◇◇로 131 ◇◇◇◇				
용도	상가(점포)	채권자	○○○	감정가	340,000,000원
대지권	16㎡(4.84평)	채무자	△△△	최저가	(49%) 166,600,000원
전용면적	100.39㎡(30.37평)	소유자	◇◇◇	보증금	(10%) 16,660,000원
사건접수	2015-01-08	매각대상	토지/건물일괄매각	청구금액	61,440,185원
입찰방법	기일입찰	배당 종기일	2015-03-19	개시결정	2015-01-09

(개요)

(사진 1)

(사진 2)

마찬가지로 경기도 안산에 경매로 상가가 나왔다. 4층에 60평 규모의 건물이었다. 성남 상가와 마찬가지로 1층에 있는 부동산 업소에서 방해 작전이 진행 중이었다. 교육생이 개인적인 이유로 입찰은 하지 않았지만 결과는 뻔했다. 바로 위층을 임대 중인 임차인이 부동산 업소와 결탁하고 임차인 자신이 직접 저가에 낙찰 받았다. 나쁜 평가를 받는 부동산일수록 보석일 수 있다는 생각을 할 수 있어야 한다.

입지에 대한 부동산 투자 원칙은 대부분 역세권을 강조한다. 하지만 그럴 필요는 없다. 역세권이 아니고, 주변 환경이 다소 좋지 않더라도 조사해 보아야 한다. 특히 역세권과 교통 여건을 고집하는데, 오히려 이를 피하면 초보자 입장에서는 어렵지 않게 좋은 물건을 쉽게 찾을 수 있다.

내가 부천에 투자한 물건 중 국철 바로 옆에 있는 빌라가 있다. 인근 부동산 업소에서는 매매가 잘 안 될 것이라는 둥, 시끄러워 월세가 잘 안 나갈 것이라는 둥 온갖 편견들로 가득했다. 하지만 5년 동안 단 한 번의 공실 없이 꼬박꼬박 월세를 받고 있다. 임차인이 바뀔 때도 곧바로 다음 계약자가 나타날 만큼 월세 수요가 풍부하다. 편견은 깨라고 있는 것이다. 경매 초보자일수록 기존의 원칙을 무시하라. 초보자가 시장을 이길 수 있는 유일한 비결이다.

시세 차익을 원한다면 수요는 많지만 공급 물량이 적은 곳을 찾으면 된다. 이는 조사 과정에서 모두 밝혀진다. 매매가가 형편없다고 포기하지 않아야 한다. 거래가 잘 안 된다고 해서 무시하지 않아야 한다. 소문난 특정 학교의 위장 전입을 위해 월세 수요가 끊임없이 유입되는 곳도 존재한다. 이는 시세 차익보다 월세 수입을 목적으로 운용 전략을 세우면 될 것이다.

우량 물건의 정의는 직장인들이 회사를 지원할 때의 기준과 연결시키면 이해하기 쉽다. 연봉은 얼마나 되고 나와 적성이 잘 맞는 회사인지 살펴봐야 한다. 회사의 위치를 보고 또 얼마나 큰 회사인지도 파악한다. 그런 뒤 입사 지원서를 낸다.

우량 물건은 굳이 역세권이나 주변 환경이 좋지 않아도 존재한다. 조사했을 때 비로소 임대 수요가 풍부하고 수요 대비 공급물량이 부족하다는 사실이 드러난다. 특히 해당 물건에 인접한 부동산 업소에서 나쁜 평가를 내린다면 더욱 눈여겨보아야 한다. 가장 중요한 투자 포인트는 교통이 불편하거나 편의 시설이 미비해도 교육 환경이 잘 갖추어져 있는지 확인하는 것이다. 또한 기본적으로 수요가 충분해야 한다는 전제가 필요하다.

정리를 하자면 우량 물건은 자신이 투자할 수 있는 자금으로 만족할 수 있는 물건을 뜻한다. 모든 요건을 갖춘 물건은 초보자가 낙찰을 받기에 불리할 수밖에 없다. 단점이 있고 입지가 다소 떨어져도 수요가 존재하는 곳을 찾는다면 좋은 성과를 낼 수 있다.

문재인 정부 이후 부동산 시장은 불확실한 미래를 안고 있다. 철저히 현재 가치와 사용 가치가 뛰어난 곳을 찾아내는 일에 초점을 맞춰야 한다. 미래보다 지금, 현재에 집중하라. 현금이 들어오는 투자가 우량 물건이 될 것이다.

어디에 투자할 것인지
목적을 정확히 세워라

정확한 목표 없이 성공의 여행을 떠나는 자는 실패한다.

- 노만 V. 필 -

어린 시절, 친척들을 따라 배를 타고 바다낚시를 간 적이 있다. 처음 해 보는 경험이라 신이나 어쩔 줄을 몰라 했던 기억이 난다. 살아 있는 갯지렁이를 낚시 바늘에 끼워 바닷속에 던졌다. 두 시간 정도가 지날 무렵, 내가 들고 있던 낚싯대가 팽팽해지는 것이 느껴졌다. 그런데 내가 가진 힘을 다해 아무리 줄을 당겨도 소용이 없었다. 다행히 친척 형들의 도움을 받아 낚싯대를 끌어당겼다. 기대와는 달리 장화 한 짝이 걸려 있었다. 배 안은 웃음바다가 되었다.

낚시는 잡으려고 하는 어종의 종류와 그 어종에 맞는 낚시 기법이 다르다. 낚시를 어디에서 하느냐에 따라 도구도 달라진다. 부동산 경매도 마찬가지다. 어떤 목적으로 투자하느냐에 따라 투자의 기준이 달라진다. 목적을 분명히 정하지 않으면 방향을 상실한다. 실제 거주를 목적으로 한다면 당연히 교통이나 주변 환경, 편의 시설을 꼼꼼히 보게 된다. 대부분 이런 목적의 경매 물건은 낙찰가가 높거나 오히려 급매로 사는 것이 이득이 될 때도 있다.

어느 날 종로에서 경매 교육을 하던 중 30대 젊은 신혼부부가 물었다.

"갖고 있는 돈이 1,000만 원인데 투자할 수 있는 부동산이 있을까요?"

"다음 수업 시간까지 그 돈으로 투자가 가능한 물건을 찾아오세요."

그들은 지하철역과 지하철역 사이에 있는 빌라 하나를 찾아왔다. 역세권과는 거리가 멀고 교통도 불편해 보이는 곳에 위치한 허름한 빌라였다. 연식은 15년을 훌쩍 넘은 것이었는데 이보다 더한 것은 지하층이라는 사실이었다. 하지만 공부상 지하일 뿐 지상으로 완전히 드러나 있었다. 시세를 조사해 보니 투입되는 비용은 600만 원 수준이었고 연 180만 원의 월세 수익이 나오는 물건이었다.

이 물건에서 투자 포인트는 무엇일까? 바로 공부상 지하라도 실제 현장에서 지하가 아니라면 투자를 고려해 볼 만하다는 것이다. 매매가는 지하층 수준이지만 월세 수준은 지상 1층 수준과 같은 경우가 있기 때문이다. 이렇게 재테크라는 목적이 분명할 때에는 굳이 주변 상황을 크게 의식할 필요는 없다. 교통이 조금 좋지 않더라도, 낡고 지저분해도 개의치 않아야 한다.

"연식이 오래되고 교통도 불편해요."
"외관도 제 스타일이 아니에요."
"이런 물건이 정말 돈이 되나요?"

이런 저런 이유로 마음에 들지 않는 물건이라며 조사조차 해 보지 않는 사람들이 많다. 단지 자신의 관점에서 바라보고 결정한다. '돈이 될까' 싶은 물건 중에는 의외로 수익이 나는 것들이 존재한다. 투자 목적은 수익을 내는 것이면 그만이다. 가령 맞선 자리에 나갔는데 재력은 있지만 얼굴이 마음에 안 들거나 키가 작다면 어떤 생각이 드는가. 이왕이면 얼굴도 내 스타일이면 좋고 키도 평균 이상 되었으면 하는 욕심이 생긴다. 모든 조건을 다 갖춘 사람을 찾다 보면 그만큼 시간이 오래 걸리거나 못 만날 확률이 크다. 부동산도 마찬가지다. 이것저것 조건을 따져가며 모든 것

에 만족하는 물건만 찾으면 경매 시장에서 투자할 수 있는 물건
은 거의 없다.

지인 중에 미혼인 30대 초반 주현정 씨가 있다. 그녀는 결혼하
고 싶은 남자의 조건을 종이에 적어서 다녔다. 재정 능력, 키, 몸무
게, 성격 등 꽤 까다로웠다. 그중 눈에 띄는 항목이 하나 있었다.

'꼭 잘 생길 필요는 없다.'

맞는 이야기다. 요즘 외모지상주의가 만연하고 있다고 하지만
인생을 살다 보면 외모가 삶의 큰 비중을 차지하지 않음을 알 수
있다. 부동산 경매 물건도 잘생긴 외관을 따지기보다 재정 능력,
즉 수익을 낼 수 있는 물건인지 파악하는 것이 우선이다.

나에게 끊임없이 알을 낳아 주는 거위라고 판단되면 곧바로
내 것으로 만들어야 한다. 본업에서 나오는 직장 월급이 대출 이
자를 감당할 수준이라면 상가 투자를 권한다. 경매 시장에 1층 상
가가 나오기는 쉽지 않다. 1층은 대부분 장사가 잘되기 때문에 경
매로 넘어갈 일이 별로 없는 것이다. 2층 이상에 위치한 상가들이
경매로 나오는데 1층이 아니더라도 충분한 수익을 낼 수 있는 것
들이 많다. 오히려 주거 시설보다 서너 배 이상 많은 수익을 안겨
주기도 한다. 보통 경매 시장을 바라만 보는 일반인들은 상가에
대해 이렇게 말한다.

"상가는 무조건 1층이어야지."
"높은 층은 매매가 안 돼."

경매 투자를 함에 있어 가장 좋지 않은 편견이다. 내가 몇 년 전 오산에 투자한 상가는 4층이다. 전용 47평으로 몇 개월의 공실 기간을 거쳐 임대 계약을 맺었다. 공매로 낙찰을 받고 인근 부동산에 전화를 걸었다.

"여보세요, 여기 K건물 401호 소유주입니다."
"네, 사장님."
"상가를 하나 내놓으려고 하는데 요즘 찾는 사람이 있나요?"
"경기가 안 좋아서 찾는 사람이 없어요."

인근 부동산 업소들의 부정적인 견해가 쏟아졌다. 불경기이고 오산역과는 다소 떨어져 있어 역세권도 아니라 월세 수준을 낮추지 않으면 임차인을 맞추기 어렵다고 했다. 하지만 몇 개월이 지난 뒤 그들의 평가는 보기 좋게 빗나갔다. 오산에서 사업을 하기 위해 수원에서 상가를 알아보러 온 사람도 있었고, 피아노 교습소를 운영하기 위해 서울에서 내려온 사람도 있었다. 주거 시설과는 달리 상가는 사업을 목적으로 한다는 사실을 잊어서는 안 된다. 꼭 해당 물건 지역 사람이 찾아올 것이라는 편견은 버려야 한다.

대전에서 피부관리숍을 운영하고 있는 주미혜 씨는 경매 교육 중 성남으로 사업장을 이전하게 되었다. 경매로 상가를 취득하고 싶다며 분당선 인근 역세권에 위치한 물건을 찾았다. 그녀의 투자는 피부관리숍이라는 사업을 목적으로 하는 것이었다. 당연히 주거 시설이 밀집되어 있고 교통이 편리한 곳이어야 했고 가까운 미래에 오를 여지가 충분한 위치여야 했다. 단연 경쟁이 치열할 것으로 짐작할 수 있어야 한다. 이런 투자의 경우 시세 차익이나 월세 수익보다 사업성을 우선순위에 두고 낙찰가를 결정하는 것이 좋다.

부동산 경매 투자는 실거주 목적과 재테크를 위한 투자 목적을 구분해야 한다. 목적을 정했다면 목적에 맞는 투자 기준을 세워야 한다. 취할 것인지, 버릴 것인지 구별할 줄 아는 것도 중요하다. 무조건 싸다고 좋은 것은 아니며 그렇다고 남의 의견에 기대는 것도 바람직하지 않다. 돈을 버는 데 보탬이 되지 않는 요건은 과감하게 버릴 수 있는 판단력을 길러야 한다. 어떤 투자든 목적이 명확하면 절대 실패하지 않는다.

실전 투자를 알면
경매가 두렵지 않다

우리가 할 수 있기 전에 배워야 하는 일들을 하면서 배운다.

- 아리스토텔레스 -

우리나라 평균 성인 남녀를 대상으로 독서량을 조사한 결과, 1년에 9.1권 정도를 읽는 것으로 나타났다. 독서 시간은 평일을 기준으로 하루에 22.8분이라고 한다. 스마트폰 사용이 증가하면서 반대로 줄어든 활동이 바로 독서와 신문 읽기다.

책은 작가가 몇 년을 거쳐 쌓아 온 경험을 단 몇 시간 만에 체험할 수 있는 기회를 제공한다. 관심 있는 분야를 배우기 위해서는 가장 처음에 하는 행동이 바로 독서이다. 하지만 책을 읽는 것으로 만족하는 사람이 많다는 것이 안타깝다. 필요한 지식을 습득했다면 곧바로 적용해 봐야 한다.

재테크 관련 책들은 더욱 그렇다. 독서의 행위가 돈을 불리는 데 목적이 있다면 실제로 책에서 배운 내용을 통해 돈을 불릴 수 있어야 한다. 재미있는 것은 독서를 한 후 대부분 한순간의 만족감으로 끝나 버린다는 것이다. 책을 읽을 당시에는 긍정적인 에너지로 충만하다. 독서를 마치고 나면 일주일이 채 가기도 전에 그 약효가 사라진다.

나는 부동산 경매 투자를 하기 전에 주식 투자를 했다. 돈을 날린 주변 사례들은 꽤 많았지만 나는 그렇지 않았다. 비결이라면 주식에 관련된 책을 딱 한 권 골라 정독한 뒤 그 책을 여러 번 읽고 의미를 되새겼다. 전혀 몰랐던 분야라서 완독하는 데 많은 시간을 보냈다. 하지만 효과는 좋았다.

책의 저자가 말하는 원칙과 철학을 그대로 적용해 투자했다. 투자할 때만큼은 나 자신을 버렸다. 철저히 저자가 되는 것이다. 당시 월급이 적었던 관계로 가격이 가장 싼 종목 중에 오를 가치가 있는 종목을 선택하는 데 집중했다. 2년 동안 4번 정도의 주식을 매수했다. 4번 이외에는 전혀 주식 시장을 들여다보지 않았다. 3년이 지날 무렵 원금은 5배가 올라 있었다. 여기서 중요한 것은 책을 보고 배운 지식을 돈으로 바꿀 줄 알아야 한다는 것이다. 돈을 투자해 책을 한 권 사고 그 책을 읽기 위해 시간을 투자한다. 돈을 벌 수 있는 책을 읽었다면 돈을 벌어 봐야 하는 것은 당연한 이치다.

이제 경매로 돈을 벌어 보자. 초보일수록 작아도 완벽하게 성공할 수 있는 크기에 첫 도전장을 내밀어라. 그래야 첫 투자에 성공할 수 있다. 그 성공의 경험은 당신을 즐겁고 행복한 세계로 안내할 것이다. 즐거움과 행복에 중독되면 당연히 반복을 일삼게 된다. 경매 투자는 반복을 통해 기술이 향상되고 돈이 쌓인다. 이 패턴을 반드시 기억해야 한다.

첫째, 먼저 사고 싶은 부동산을 고른다.

예를 들면, 지방에 있는 감정가 1억 원의 빌라가 7,000만 원이 되어 있다고 가정하자. 4,200만 원의 대출이 나왔을 때 내가 부담해야 하는 돈은 2,800만 원이다. 투자금이 적은 물건의 경우 처음부터 세금이나 수리비, 명도비 등 작은 돈까지 세세히 따질 필요는 없다. 오로지 수익을 낼 수 있는 물건인지만 예측하는 것이 중요하다. 결국 자신이 부담해야 할 초기 투자금이 3,000만 원 정도인 것을 알 수 있다. 나머지는 대출 기관의 도움을 받는다고 생각하면 된다. 이때 충분히 대출 이자를 감당할 수 있는 물건이라는 것이 전제되어야 한다. 그럼 '내 돈 3,000만 원과 은행 돈 7,000만 원으로 1억 원짜리 부동산을 살 수 있겠구나'라는 예측이 가능하다.

둘째, 내가 고른 부동산 가격을 조사한다.

시장에는 같은 종류의 물건을 파는 가게가 여러 곳이 있다. 과일을 파는 가게도 여러 곳이며 같은 과일일지라도 가게마다 가격 차이가 있다. 이럴 땐 어떻게 해야 할까? 사과를 하나 사더라도 이집 저집 비교하며 하나라도 더 주는 곳을 찾아야 한다. 사과 한 개도 값을 비교하는데 하물며 부동산은 어떠한가. 인근 부동산 업소에 연락해 과일 값을 비교하듯 꼼꼼히 물어봐야 한다. 자신이 투자할 돈을 소중히 여긴다면 결코 한두 마디 질문으로 시세를 판단해서는 안 된다.

나는 30대 초반 이직을 앞두고 유럽 배낭여행을 다녀온 적이 있다. 한낮에 파리 에펠탑을 찾았는데, 숙소로 돌아가는 길에 지하철역을 찾지 못해 헤매고 있었다. 지나가는 프랑스인을 붙잡고 물어보니 한 사람은 동쪽으로 가는 길을 알려 주었는데 또 다른 사람은 서쪽으로 가는 길을 알려 주었다. 이럴 때는 또 다른 사람에게 물어봐야 한다. 이 세 사람만의 의견으로 확신이 안 선다면 더 많은 사람에게 도움을 요청하는 것은 당연할 것이다. 시세 조사도 마찬가지다. 딱 한 군데 정도의 부동산 업소 의견만 믿고 시세를 판단하는 일은 금물이다.

셋째, 조사된 시세로 얼마에 살 것인지 결정한다.

자신이 사고 싶은 물건을 골랐다면 다음 두 가지를 확인해야 한다.

1. 세입자가 내고 있는 월세 수준이 대출 이자를 감당하고 충분히 남는 것인가?

2. 거래가 되는 물건인가?

"경매로 살 거면 몇천만 원은 이득이 있어야 되지 않아?"

부동산 경매 투자를 단 한 번도 해 보지 않은 친구가 나에게 한 이야기다. 이런 사람치고 경매 투자로 성공하는 사람을 본 적이 없다. 오히려 욕심을 부리지 않고 수익이 적어도 차근차근 투자해 가다 보면 몇 년 안에 큰 수익을 얻게 되는 날이 온다.

화성에서 직장을 다니는 30대 후반 직장인 류덕모 씨는 지하층 빌라 한 채로 경매 투자를 시작했다. 빌라의 경우 지하층은 시세 차익은 적지만 단 500만 원이라도 남길 수 있으면 만족한 것이다. 그렇게 류 씨는 지하층 빌라만 3채를 연달아 낙찰받았다. 수익률을 높이기 위해 시세 조사 교육을 받고 지상으로 투자 대상을 옮겼다. 12채에 가까운 크고 작은 빌라를 낙찰받으며 결국 2017년 3월에 다가구(사진 3, 4) 한 채를 낙찰받았다.

소재지	○○시 △△구 ◇◇◇동 145				
용도	다가구(원룸등)	채권자	○○○○○	감정가	525,739,850원
토지면적	247.5㎡(74.87평)	채무자	△△△	최저가	(70%) 368,018,000원
건물면적	420.95㎡(127.34평)	소유자	◇◇◇	보증금	(10%) 36,802,000원
제시외	12.5㎡(3.78평)	매각대상	토지/건물일괄매각	청구금액	166,232,435원
입찰방법	기일입찰	배당 종기일	2015-11-27(연기)	개시결정	2015-07-31

(개요)

(사진 3)

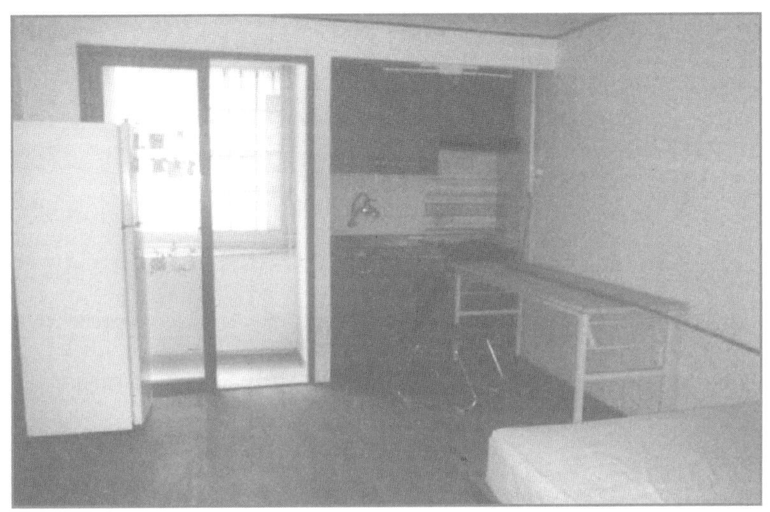

(사진 4)

이처럼 내가 바라는 적정 수익만 확보한 후 낙찰가를 결정하면 된다. 너무 쉬운가? 너무 쉬워서 수십 번씩 떨어지는 것이 경매 시장이다. 초보자들은 패찰의 원인이 자신에게 있다는 점을 잘 모른다. 기초 지식을 쌓기도 전에 낙찰가를 잘 쓰는 비결이 무엇인지 묻는다. 그럼 나는 이렇게 대답한다.

"딱 가져올 수 있는 만큼만 쓰세요."

넷째, 명도는 반드시 된다고 생각해야 한다. 낙찰을 받았다면 이제 명도를 준비해야 한다. 입찰 전에 명도 전략을 세워 두는 것이 좋다. 내가 주인인 부동산을 다른 사람이 사용하고 있다면 어떻게 하겠는가. 당연히 나가라고 해야 한다. 내가 새 주인이 되었음을 선포하는 것이다. 이를 명도라고 한다.

쉽게 설명하자면, 부동산을 담보로 돈을 빌려준 사람이 빌려준 돈을 못 받았을 때 자신의 돈을 변제해 달라고 국가에 요청한다. 국가는 적법성을 검토하고 요청을 들어준다. 왜 들어줄까? 경매를 친다는 표현을 하는데, 이는 돈이 들어간다. 즉 국가는 경매로 물건을 중개하면서 수수료를 받는 것이다. 상품을 팔면서 정작 사 간 사람이 실제 사용할 수 없다면 안 되지 않는가. 사업을 하고 이득을 발생시켜야 하는 국가는 여간 난감해지는 것이 아니다. 그래서 인도명령제도라는 장치를 마련해 두었다.

이 제도를 이용하면 자신의 부동산을 사용하고 있는 사람을 내보낼 수 있는 권리를 얻게 된다. 국가는 '법으로 해결되니 걱정 말라'라고 하는 것과 같다. 상황에 따라 쉽고 어려울 때가 존재하지만 '명도는 반드시 된다'라는 생각으로 투자에 임하면 경매가 한결 쉽게 느껴질 것이다.

다섯째, 보기에 좋은 떡일수록 계약 시간은 단축된다.

명도가 끝났으면 수리를 할 순서이다. 수리는 단순하게 생각하라. 연식이 오래되지 않았을 경우 도배와 장판만으로 해결된다. 도배는 색깔 선정이 중요하다. 집을 둘러보는 사람의 눈에 잘 띄는 곳에 포인트 컬러를 적용하라. 방문을 열었을 때 마주하는 벽 한

면에만 사용하면 된다. 바닥은 밝은 계통의 장판을 사용하는 것이 좋다. 업자들의 눈에 의지하지 않기 바란다.

요즘은 월넛이나 체리 계통은 쓰지 않는다는 것만 기억하라. 연식이 오래되어 전체 수리를 해야 할 경우가 있다. 이럴 땐 반드시 주방의 싱크대와 욕실이 눈에 거슬린다. 싱크대는 화이트 재질로 하되 손잡이는 심플한 블랙이 좋다. 그래야 눈에 쏙 들어온다. 욕실은 관리상 화이트보다 그레이 톤으로 벽과 바닥 타일을 선정하는 것이 좋다. 정리하자면 한눈에 꽂히는 컬러를 포인트로 사용하고 나머지는 무채색을 쓰면 계약하는 데 시간을 절약할 수 있다.

실전 투자는 이론과 다르게 함축적으로 전개된다. 교육 과정에서도 꽤 긴 시간이 소요되지만 정작 실전에 들어가면 순식간에 흘러가는 것을 깨닫게 된다. 즉 실전을 반복할수록 투자의 속도는 빨라진다. 우리가 상품을 구매할 때 이론적으로 계산하며 사지 않는다. 실제 부동산을 고르고 낙찰을 받고 수리 후 임대하기까지 복잡해 보일 것이다. 하지만 한 번 사이클을 돌리고 나면 어려웠던 절차들이 한꺼번에 해소된다.

실전은 철저히 돈을 버는 절차이다. 대부분 실전 투자를 하기 전에 이론 공부를 완벽히 소화하려고 한다. 그럴수록 돈과는 멀어진다는 것을 알아야 한다. 부동산 경매에서는 이론을 전혀 모르더라도 직접 투자를 진행하며 배워 나가는 것이 성공 확률을 높여 준다.

입찰 전 확인해야 할
필수 리스트

시작하기 전에 신중히 준비하라.

- 마르쿠스 툴리우스 키케로 -

물건을 구입할 때 가장 먼저 하는 일은 무엇일까? 내 아이에게 먹일 분유 한 통을 사더라도 여러 가지 항목을 체크한다. 브랜드나 가격도 다양해 꼼꼼히 비교하게 된다. 유통 기간과 성분 등을 비교하는 것도 중요하다. 부동산을 구매하는 것도 이와 동일하다. 부동산이 만들어진 연식과 돈을 빌리거나 빌려준 날짜, 그리고 부동산을 임차한 기간 등을 확인하면 된다. 살고 있는 사람이 소유주인지 세입자인지도 파악한다.

부동산은 거주하거나 사업을 할 수 있는 공간이다. 경매는 빚을 해결해 주는 수단이며 돈을 빌려준 사람과 빌려간 사람 사이의 채무를 정산해 준다. 그런데 전혀 상관없는 사람이 그 공간에 살고 있다면 국가는 난감해진다. 물건을 구매한 소비자가 자신의 물건을 사용하지 못할 수도 있기 때문이다. 그래서 안심하고 상품을 구매할 수 있도록 살고 있는 사람을 내보내는 법적인 장치를 마련해 두었다.

요즘 가구는 직접 조립해서 만드는 것이 유행이다. 비싼 완제품 대신 마음에 드는 색상과 디자인을 선택해 힘이 들어도 직접 조립하는 수고를 아끼지 않는다. 조립식 가구를 구매하면 먼저 설명서를 보아야 한다. 그래야 원하는 모양을 정확히 만들 수 있다. 부동산도 이와 마찬가지다. 부동산을 구매하려면 가격을 따져보고 각종 관련된 서류들을 확인하고 산다. 서류 확인이 끝나고 이상이 없으면 직접 보고 난 뒤 최종 구매를 결정한다. 우선, 구매하기 전에 확인해 봐야 할 서류들을 살펴보자.

첫째, 부동산을 구매하기 전에 맨 처음 보는 것은 등기부등본이다.

등기부등본은 민법적인 권리나 사실이 기록된 서류이다. 부동산이 언제 만들어졌고 면적은 얼마나 되고 주인은 누구이며 빚은 없는지 등이 기재되어 있다. 일종의 신분증이다. 등기부등본은 총 3가지로 구성되는데 표제부와 갑구, 을구로 나뉜다.

표제부는 부동산의 기본 정보가 담겨 있고, 갑구는 누구의 것인지 소유 관계에 대한 정보가 기록되어 있다. 을구는 빚을 누구에게 얼마나 졌는지가 적혀 있다. 경매 투자 시 유의해서 살펴야 하는 부분은 소유 관계와 채무 관계다.

경매 시장에서 판매하는 부동산은 기본적으로 돈을 빌려주고 갚는 관계 사이에서 발생되는 물건이다. 본질적으로 돈 문제라는 이야기다. 돈 문제가 아니라면 그것은 소유권에 대한 문제라고 생각하면 된다. 누가 언제 돈을 얼마나 빌려주고 빌려 썼는지 확인하는 것이 중요하다.

둘째, 사용 설명서를 꼼꼼히 읽는다.

'매각물건명세서'라는 서류가 있다. 이 서류에는 부동산을 현재 사용하고 있는 사람의 상태나 법적인 권리가 존재하는지 기록되어 있다. 특히 주의를 요하는 권리도 기재된다. 어떤 부동산이든 모든 사항이 기록되어 있는 것은 아니다. 내용이 없다면 직접 조사를 통해 확인해야 한다.

셋째, 가격을 확인한다.

국가가 부동산을 팔기 위해 감정평가사에게 감정을 의뢰해 가격을 책정한다. 장사를 하려면 가격을 표시해야 소비자들이 살 수 있기 때문이다. 유심히 봐야 할 점은 가격을 매긴 시점이다. 감정을 언제 책정한 것인지 날짜를 확인하는 것이 중요하다. 오랜 시간이 지난 시점이라면 반드시 시세를 다시 확인하는 것이 좋다.

이 세 가지는 부동산을 경매로 구매할 때 반드시 확인하는 서류이다. 부동산을 살 때 주의해서 보고 구매하라는 신호로 이해하면 될 것이다. 이외에도 확인해야 하는 서류들이 있다. 부동산을 사용하는 사람의 현황을 파악해 둔 현황조사서가 그것이다. 부동산 가격이 정해졌으면 그 안에서 사용하는 사람의 현재 상황을 파악해 기록하는 것이다. 법원은 집행관을 보내 현황을 기록하도록 지시한다.

부동산 서류에 빠지지 않는 것이 바로 건축물 대장과 토지대장인데 건축물 대장에는 건물의 인적 사항이 기재되어 있다. 경매 투자 시 어떤 용도로 사용되는지 확인해야 한다. 외관은 빌라인데 간혹 한 개 층이 상가나 사무실인 경우가 있다. 빌라로 알고 낙찰을 받았다가 상가인 것을 알고 낭패를 보기도 한다.

상가의 경우 인허가가 나는 용도는 무엇인지 꼼꼼히 체크하는 것이 좋다. 건축물 대장은 주거시설에서 유용하게 활용된다. 불법 건축물인지 아닌지에 대한 기록이 남아 있기 때문이다. 불법 건축물이 모두 나쁜 것은 아니다. 관할구청의 건축과에 문의해 양성화할 수 있는 대상인지 파악하고 해결법을 찾으면 오히려 돈이 되는 경우도 있다. 간혹 등기부등본과 건축물 대장의 내용이 다를 경우가 있다. 이럴 때에는 구조나 면적, 층 등의 현황에 대한 내용을 건축물 대장 기준으로 하면 된다.

건축물이 서 있는 곳은 바로 땅 위로, 건축물이 있는 곳에 토지가 있다고 보면 된다. 건축물처럼 토지도 서류가 존재한다. 바로 토지 대장이다. 토지의 면적이나 지목, 가격, 종류 등이 기록되어 있다. 이런 토지는 지역별로 용도나 계획들이 서로 다르다. 특히 토지 가격은 개별공시지가를 확인할 수 있다. 그렇다면 '토지이용계획확인서'는 무엇일까? 토지의 위치나 경계, 면적, 용도 지역까지 기록되어 있는 서류를 말한다. 쉽게 말해 내가 땅을 사고 싶은데 그 땅을 이용하는 제한 사항이 없는지 확인이 가능하다.

부동산을 사고팔 때 중요한 것은 바로 용도 지역과 용도 지구를 파악하는 것이다. 이미 정해진 용도는 바꿀 수 없기 때문에 내가 사용하는 데 문제가 없는지 확인하는 작업이 필요하다. 용도에 따른 지역의 종류는 주거지역, 상업지역, 공업지역, 녹지지역 등으로 다양하다. 특히 건축에서 사용하는 용적률과 건폐율은 용도 지역별로 다른 규칙이 적용된다.

법원에 가기 바로 전날, 꼭 확인해야 할 사항이 두 가지가 있다. 바로 '전입세대열람원'을 떼어 보는 일과 매각이 취소되거나 연기되지 않았는지 확인하는 것이다. 전입세대열람원은 입찰할 부동산을 현재 사용하고 있는 사람의 전입 날짜를 확인할 수 있다. 아무도 살고 있지 않을 수도 있고 소유주나 세입자가 살고 있을 수도 있다. 상황에 따라 명도 전략을 세울 수 있는 단초가 된다.

매각이 취소되거나 연기되어 당일 헛걸음을 하는 경우도 있으니 하루 전날 확인하는 습관이 필요하다.

서류를 검토했다면 이제 현장에 직접 가 보는 일이 남았다. 생김새는 어떤지, 주변 환경은 어떤지, 이동은 편리한지 등을 확인하는 것이다. 또한 연체 관리비가 존재하는지 파악하는 것도 중요하다. 빌라의 경우는 많지 않지만 아파트나 상가의 경우 액수가 꽤 되는 경우도 있다. 해당 관리 사무실에 들러 연체된 관리비의 액수와 연체 기간을 체크하는 것은 필수다.

조사를 마쳤으면 지역별로 각 법원의 위치와 입찰 시간을 확인한다. 아침 시간에 교통이 복잡한 지역은 미리 파악해 서두르는 것이 좋다. 입찰 준비물도 꼼꼼히 챙기자. 간혹 보증금을 빠뜨리는 경우도 있으니 전날 챙겨 놓아야 실수가 없다.

자신이 직접 입찰할 경우에는 신분증과 막도장, 그리고 보증금을 준비하면 된다. 대리인을 보낼 경우 자신의 인감도장이 찍힌 위임장과 인감증명서를 첨부해 주면 된다. 대리인의 도장은 인감이 아닌 일반 도장으로 찍고 신분증을 준비해야 한다. 그 외 회사 명의로 입찰하는 경우와 2인 이상 공동 입찰을 하는 경우 필요한 서류가 다르니 사전에 미리 준비해 두어야 한다.

입찰 당일 가장 많이 하는 실수 두 가지가 있다. 하나는 보증금과 입찰 금액을 바꿔 쓰는 경우다. 실수를 하지 않으려면 하루 전날 미리 작성해 두는 것도 좋다. 입찰표는 대한민국 법원 법원 경매정보 사이트에서 서식을 내려받을 수 있다. 입찰표의 하단부 왼쪽은 입찰 가격을, 오른쪽은 보증금을 기입하게 되어 있다.

또 다른 하나는 입찰금액란에 '0'을 하나 더 붙여 쓰기도 한다. 낙찰 금액이 6,000만 원인데 6억 원을 쓰는 경우도 발생한다. 당사자는 6,000만 원짜리 물건을 6억 원에 살 수 없는 노릇이다. 결국 보증금을 포기할 수밖에 없다. 나만큼은 절대 그럴 리 없을 것이라 단정 짓지 말아야 한다. 실수는 초보와 고수를 가리지 않는 법이다.

권리 분석도 원리만 알면
술술 풀린다

"제가 분석한 것이 맞는지 확신이 없어요."

몇 년 동안 독학으로 경매를 공부한 사람의 말이다. 학창시절 수학 선생님은 "개념과 원리를 이해하면 모든 문제는 풀린다."라고 늘 강조했다. 달달 외워야 하는 다른 교과목과 달리 50분 내내 한두 문제를 풀었던 기억이 아직도 생생하다.

'경매'라고 하면 떠오르는 것이 바로 '권리 분석'이다. 아무리 공부해도 늘 어렵게 느껴지는 이유는 법리적인 원칙을 이해하려는 노력보다 그냥 외워서 풀려고 하기 때문이다. 먼저 원리를 이해하고 문제의 핵심을 파악하는 능력을 키우면 어렵지 않다.

물건을 구매할 때 돈을 지불한다. 돈을 지불하면 그 물건은 나의 소유가 된다. 거의 대부분의 구매 활동에는 돈과 소유권이 관계된다는 것을 알 수 있다. 경매는 국가가 부동산을 파는 사업을 하는 것이다. 당연히 돈을 주고 소유권을 사오는 행위로 이해하면 된다. 이런 근원적인 원리만 이해해도 권리 분석은 쉽게 풀어낼 수 있다.

부동산 경매는 중고 시장이다. 신축이 나오기도 하지만 대부분 사용했던 상품을 판다. 부동산의 하자는 중고차의 하자를 가려내는 절차보다 훨씬 명쾌하다. 국가가 부동산을 팔기 전에 관련된 내용을 친절하게 제공하기 때문이다. 사고 싶은 부동산의 각종 서류를 검토하고 가격이 적정한지 파악해 구매하면 된다. 중고차를 구매하면 소유권을 양도받듯이 부동산도 낙찰을 받으면 소유권이 이전된다. 이 소유권이 안전한지 구매 전에 파악하는 일도 중요하다.

소유권 다음으로 유의해야 할 것은 부동산을 사용하고 있는 사람이 누구인지에 따라 실질적인 손익이 달라진다는 점이다. 즉 낙찰자가 물어 줘야 할 돈이 있는지 파악해야 손해를 보지 않는다. 부동산의 주인이 직접 살고 있다면 소유권을 이전받아도 문제가 되지 않는다. 살고 있는 부동산은 당연히 빚을 탕감할 대상이기 때문이다. 하지만 채권자와 채무자 외 전혀 관계없는 제3자가 임차인일 경우에는 낙찰자가 물어 줘야 할 돈이 있을 수 있으니 유의해야 한다. 초보자 입장에서 이 원리만 알면 비교적 쉽게 권리관계를 이해할 수 있다.

이제 권리 분석 요령에 대해 알아보자. 중고차를 살 때 겪는 고민과 구매 전 파악해야 할 내용들을 생각해 보면 이해하기 쉬울 것이다.

1단계 : 내가 살 물건에 하자가 있는지 살펴본다.

수리 여부를 뜻하는 것이 아니라 권리관계에 문제가 없는지 보는 것을 뜻한다. 하자 파악은 등기부를 확인하면 된다. 혹 권리관계가 있다 해도 충분히 극복할 수 있는 문제라면 구매를 고려해도 좋다. 가령 중고차의 외관 몇 군데가 긁혀 있다고 하자. 그 정도는 감수하고 사용할 만한 가치가 있다면 사는 것과 같다.

그렇다면 부동산의 하자에는 어떤 것이 있을까? 내가 돈을 주고 사더라도 소유할 수 없는 것을 말한다. 구매해도 소유권을 가져올 수 없는 것, 즉 재산권을 행사할 수 없는 것이다. 선순위의 가등기나 가처분, 환매권, 예고등기가 그것이다. 유치권이나 대항력을 갖춘 임차권, 말소되지 않는 선순위 전세권은 위험한 물건에 속한다. 어려운 용어일지라도 가만히 들여다보면 공통점이 있다. 바로 소유와 관련되었다는 것이다. 소유권이 상실되는 하자 외에 사용이 제한되는 경우도 존재한다. 사용이 제한되는 권리는 법정 지상권이나 최선순위 지상권, 지역권, 분묘기지권 등이 있다. 사용 제한에 관련된 하자는 잘 이용하면 돈이 되는 경우도 있으니 무조건 피할 것은 아니다. 하지만 초보자의 입장에서는 부담스러울 것이다. 하자 없이 깨끗한 물건들은 생각보다 많다. 우선 쉽고 돈이 되는 물건을 완벽하게 낙찰받아 성공을 맛보는 것이 좋다.

2단계 : 말소기준등기가 어떤 것인지 파악한다.

'말소'는 다른 말로 '소멸'이라고 표현한다. 쉽게 이야기해서 없어진다는 말이다. 말소기준등기를 만든 이유는 간단하다. 국가는 낙찰 대금으로 채권자 모두에게 돈을 나눠 줄 수 없다. 돈은 한정되어 있고 받아갈 채권자들은 많기 때문이다. 그래서 서류상 날짜 순서대로 돈을 나눠 주겠다는 원칙을 세웠다. 그 원칙을 이행할 수 있는 기준을 마련한 것이 말소기준등기다. 말소기준이 되는 등기는 총 6가지다. 이 6가지 중 날짜가 가장 빠른 등기가 기준이 된다. 이후에 설정된 등기들은 없애 버리는 것이다. 낙찰자가 걱정하지 않아도 된다는 말이다.

말소기준등기 6가지는 저당, 근저당, 담보가등기, 압류, 가압류, 경매개시결정등기로 분류된다. 그렇다면 왜 말소기준등기를 만들었을까? 부동산을 구매하는 사람 입장에서 다른 권리들이 살아 있으면 서로 재산권을 주장할 수 있기 때문이다. 지저분한 등기는 모두 삭제해 주고 깨끗하게 쓸 수 있도록 만든 제도적 장치로 이해하면 된다.

3단계 : 물어 줄 돈이 있는지, 인수되는 권리는 없는지 파악한다.

일반 매매 시장과는 다르게 돈을 물어야 하는 경우도 있다. 내가 빌린 돈도 아닌데 왜 물어 줘야 하는지 궁금할 것이다. 경매가 진행되면 기본적으로 채권, 채무 관계에 속하지 않는 사람은 애꿎은 피해를 보게 된다. 이 피해를 막기 위한 최소한의 보완 장치가 주택임대차보호법이다. 국가가 제시한 규칙을 지킨 임차인은 순위에 따라 모두 보상받거나 일부를 보상받을 수 있다.

주택에서 임차인을 보호하기 위한 룰은 단순하다. 임차인이 일정 기준을 지키면 대항력을 선물로 주는 것이다. 대항력이란 사용 중인 부동산을 비워 주지 않아도 되는 강력한 권한이다.

낙찰자에게 돈을 다 받을 때까지 이사를 가지 않아도 전혀 문제되지 않는다. 임차인이 대항력을 선물로 받으려면 지켜야 할 조건이 두 가지가 있다. 전입한 날짜가 말소기준등기보다 빨라야 하고 해당 부동산을 점유하고 있어야 한다. 대항력을 갖추고 있으면서 배당 요구를 하지 않았다면 내가 물어 줄 돈이 있다고 판단해야 한다. 쉽게 이야기하면 국가에게 돈을 달라고 요구하지 않았다면 낙찰자에게 돈을 달라는 뜻이다.

국가는 임차인에게 배당을 신청할 수 있는 기간을 정해 준다. 그 기간 동안 임차인이 신청하지 않으면 낙찰자가 임차인의 보증금을 떠안아야 하는 것이다. 하지만 대항력을 갖추고 있으면서 배당 요구를 했다면 어떻게 될까? 보증금을 다 회수해 가는 상황이라면 돈을 물어 주지 않아도 된다. 보증금 일부는 배당을 받고 일부는 받지 못했다면 나머지 금액은 낙찰자가 물어 줘야 한다. 꽤 복잡한 것 같지만 원리를 알면 간단하다. 돈을 주고받는 관계를 잘 살펴보면 내가 인수할 돈이 있는지 알 수 있다. 규칙에는 예외가 있듯 경매의 규칙에도 예외가 존재한다. 전세권의 경우 전세권자가 배당 요구를 하거나 경매 신청을 하면 매각으로 소멸되어 말소된다.

전세와 전세권은 서로 다르다. 우리는 흔히 '전세를 산다'라고 이야기한다. 전세 보증금은 월세 보증금보다 금액이 훨씬 크다. 금액이 큰 만큼 경매로 인해 피해를 입을 경우 손실도 커진다. 이를 보호해 주고자 국가는 조건을 마련했다.

집주인의 동의를 얻어 등기를 하면 '물권'이라는 힘을 실어 준다. 그것이 '전세권'이다. 전세계약서로는 아무 힘이 없다가 '권'이라는 힘이 주어지면 내 돈에 대한 강력한 방어가 가능해진다. 이런 힘을 가진 전세권도 배당을 신청하거나 경매를 신청하면 말소되도록 원칙을 정해 두었다. 배당을 신청했다는 뜻은 국가에게 돈을 받겠다는 의미다. 경매를 신청했다는 뜻도 국가에게 돈을 받아가겠다는 뜻으로 해석하면 된다. 즉, 낙찰자에게 인수되는 돈은 없는 것이다.

4단계 : 예외적으로 말소되지 않는 경우를 확인한다.

처분금지가처분등기나 임차권등기, 세대합가 등 외형상 날짜는 말소기준등기보다 후순위이지만 말소되지 않는 경우가 존재한다. 처분금지가처분등기는 토지 주인이 그 토지 위에 있는 건물의 주인에 대한 철거 및 토지인도청구소송을 위한 보전 처분하는 행위를 말한다.

문장을 잘 살펴보면 '처분'이라는 단어가 보일 것이다. '처분'은 돈보다 소유에 관한 뉘앙스가 풍기지 않는가. 거기다 날짜도 말소기준보다 빠르다면 무슨 뜻을 의미할까. '돈으로 해결되는 문제가 아니구나'라고 생각하면 된다.

임차권 등기는 전입 날짜가 말소 기준보다 앞선 일자로 기재된 등기를 말한다. 당연히 말소 기준보다 선순위이므로 권리가 없어지지 않는 것이다.

세대합가는 가족과 함께 전입한 가장이 가족을 두고 잠시 전출을 갔다가 되돌아오는 경우를 말한다. 즉 전출을 가고 나서 말소기준등기가 설정되고 그 이후 다시 전입을 했다고 해서 후순위가 아닌 것이다. 최소의 전입 날짜가 기준이 되어 말소되지 않는다는 것을 뜻한다.

4단계에서 언급한 예외적인 경우는 초보자 입장에서 해석이 어려울 수 있다. 권리관계에 대한 완벽한 해석이 어려울 경우 비용을 들여서라도 전문가의 도움을 받는 것이 안전할 것이다.

4번과는 반대로 말소기준등기보다 앞서지만 실제로는 후순위인 경우도 있다. 대항력이 있는 주택임차인이 집주인의 편의를 위해 대출 금융 기관에 무상임차각서를 제출한 경우가 이에 해당된다.

이는 경매 진행 시 임차인이 대항력과 우선변제요건을 갖추었다 해도 권리가 인정되지 않는다. 이와 같이 권리 분석은 단계별로 기준을 세워 교통정리를 하면 어렵지 않다. 어떤 권리관계든 원리를 이해하며 차근차근 풀어가는 훈련이 필요하다. 다소 어려운 용어는 외우려 들지 말고 실전 사례를 통해 익히는 것이 자연스러울 것이다.

하나는 알고 둘은 이해하지 못한다면 실제로 그것을 '어떻게' 응용해야 할지 모르는 것과 같다. 외워서 얻는 지식은 한계를 만든다. 한계에 부딪히면 피하게 되고 자꾸 피하면 쳐다보지 않게 된다. 원리를 이해하면 권리 분석이 한결 쉬워질 것이다.

권리관계가 복잡한 물건이
돈이 될까?

단순하지 않으면 빨리 내달릴 수 없다.

- 잭 웰치 -

가끔 사람들은 간단한 일에는 주의를 기울이지 않는 경향이 있다. 경매를 처음 공부하는 사람들은 대부분 권리관계가 간단해 보이는 물건은 돈이 되지 않는다고 생각한다. 단순해 보일수록 놓치기 쉬운 것들이 존재하는데도 말이다. 경매 투자에서 권리관계가 '간단하다'라는 말은 '안전하다'라는 말로 해석된다.

보편적으로 위험한 물건은 그만큼 경쟁률이 적고 낙찰가가 낮기 때문에 상대적으로 큰 수익률을 얻을 수 있는 것은 사실이다. 하지만 초보자 입장에서 굳이 처음부터 복잡한 물건에 집착할 필요는 없다. 처음부터 머리를 싸매고 두꺼운 책을 찾아가며 오랜 기간 공부하는 것은 어리석은 일이다. 안전한지 위험한지에 대한 판단 기준을 명확히 하고 감정가보다 높은 시세일 경우 돈이 될 수 있겠다는 생각을 할 수 있어야 한다.

권리관계상 가장 안전한 경우는 채무자가 소유자일 경우다. 쉽게 말해 집주인이 어떤 이유든 빚을 지고 갚지 못했을 경우 자신이 살고 있는 집이 경매로 넘어간 경우를 말한다. 돈을 빌려준 사람과 돈을 빌린 당사자와의 관계이기 때문에 복잡할 이유가 전혀 없다. 입찰자 입장에서 중요한 것은 매물의 현재 시세다. 감정 당시보다 현재 시세가 높다면 좋은 물건에 속한다.

조사하는 방법은 간단하다. 해당 물건이 존재하는 지역의 인근 부동산 업소에 시세를 물어보면 된다. 한 군데의 업소에 그치지 말고 되도록 많은 곳에 시세를 물어보자. 최대한 많은 자료를 수집하면 시세를 분석하기 수월해진다. 권리관계가 복잡한 물건에 치중하다 보면 정작 돈이 되는지 파악하는 단계가 미진해질 수 있으니 균형을 잘 유지해야 할 것이다.

한 번은 큰 기대를 하지 않고 조사했던 물건이 있었다. 인천시 남동구에 소재한 세대수가 많지 않은 오래된 아파트였다. 감정가 대비 시세가 2,000만 원이 높았다. 소유자가 직접 거주하고 있었고 임차인의 대항력이나 다른 권리 없이 깨끗했다. 사람들이 관심을 두고 있지 않던 물건이었다.

사람들의 관심에서 벗어난 물건의 특징은 대부분 역세권이 아니다. 주변 환경도 좋은 편이 아니고 마을버스를 타고 한참이나 들어가야 하는 곳에 위치한다. 초보자들은 이런 입지의 물건은 당연히 시세도 좋지 않고 수요도 없을 것이라는 편견이 있기 때문에 거들떠보지도 않는다. 나에게 교육을 받고 낙찰을 받은 교육생들의 부동산 입지를 보면 거의 대부분 역세권이 아니다. 종로에서 강의를 하던 중 한 교육생이 물었다.

"강사님이 가르쳐 준 대로 물건을 골라 현장 답사를 갔더니 비탈길이었어요. 지도로 볼 땐 몰랐는데 도저히 월세가 나가지 않을 것 같아 조사하지 않고 집으로 돌아왔습니다."

비탈길에는 사람이 살지 않는가? 왜 팔리지 않을 것이라고 확신하는가. 거래된 사례가 있는지 확인은 해 보고 이야기하는 것인지 모르겠다. 편견으로 가득 찬 사람들의 특징은 전화 한 통 해 보는 일조차 하지 않는다. 자신의 짐작만으로 예측하고 포기한다.

경매 투자로 성공하고 싶다면 색안경을 벗어야 한다. 객관적인 사실을 토대로 냉정하게 판단하는 태도가 중요하다. 자신이 한 번도 살아본 적도, 가 본 적도 없는 지역의 부동산 가치를 짐작만으로 평가하는 것은 절대 옳은 일이 아니다. 물건의 입지나 외관만 보고 판단하는 실수는 하지 않아야 한다. 당신에게 돈을 안겨 줄

복덩이가 될 수도 있다. 복잡한 권리 분석을 하며 끙끙대고 있을 시간에 돈이 되는지 안 되는지 가려낼 수 있는 능력을 키우는 일에 힘을 쏟아야 하는 이유다.

2013년 겨울, 양천구 목동에 소재한 빌라(사진 5) 하나를 낙찰받았다. 감정가 1억 2,500만 원으로 최저가 6,400만 원까지 떨어진 지하층 물건이었다. 전용 면적은 약 16평으로 목동이라는 지역성이 관심을 끌었다.

이 물건의 특징은 공부상 지하로 표기되어 있지만 현황은 지상 2층 수준이었다. 비탈진 대지 위에 지어진 탓에 뒤쪽 보일러실 부분만 반 정도 묻혀 있고 나머지 방과 욕실, 거실은 완벽하게 오픈되어 있었다. 넓은 주차장까지 확보되어 더욱 매력적이라고 생각했다. 다만 교통이 불편했다. 마을버스를 타고 꽤 깊숙이 들어와야 했기 때문이다. 하지만 교육 환경이 충분해 교통 문제는 개의치 않았다. 경기가 급격히 하락해도 버텨내는 힘이 있을 것으로 판단했다. 학군 수요와 전월세 수요가 풍부해 공실에 대한 걱정은 전혀 되지 않은 점도 장점으로 작용했다.

소재지			○○시 △△구 ◇◇◇동 16-8			
용도	다세대(빌라)	채권자	○○○	감정가	125,000,000원
대지권	21.85㎡(6.61평)	채무자	△△△	최저가	(51%) 64,000,000원
전용면적	53.55㎡(16.2평)	소유자	◇◇◇	보증금	(20%) 12,800,000원
사건접수	2012-02-24	매각대상	토지/건물일괄매각	청구금액	98,827,892원
입찰방법	기일입찰	배당종기일	2012-05-01	개시결정	2012-02-28

(개요)

(사진 5)

당시 이 빌라에는 임차인의 전입 일자가 근저당보다 빨라 대항력이 존재할 것으로 보였다. 그러나 실제 임차인의 지위가 아닌 것으로 확인되었고 소유자와 가족관계인 것도 알 수 있었다.

결국 8,880만 원에 낙찰을 받아 수리를 마치고 보증금 3,000만 원에 월세 50만 원을 받는 조건으로 임대 계약을 맺었다. 대출은 7,000만 원이 나왔고 실제 들어간 돈은 이전비를 포함해 약 2,000만 원이었다. 대출 이자는 약 18만 원이 나왔으므로 매월 32만 원의 수익을 창출했다. 전체 수리에 대한 비용은 약 500만 원이 들어가 수리비까지 합하면 이 빌라에 들어간 총 비용은 2,500만 원 수준이다. 3,000만 원의 보증금이 회수된 점을 감안하면 오히려 500만 원이 남는 상황이 된 것이다.

이처럼 권리 분석이 복잡한 물건이 아니더라도 돈이 되는 물건은 상당수 존재한다는 점을 믿어야 한다. 어려운 권리관계를 해석하는 데 상대적으로 많은 시간을 할애한다면 좋은 물건을 잡을 기회는 사라진다. 권리 분석 공부를 하지 말라는 뜻이 아니다. 돈이 될 만한 물건을 먼저 고를 수 있어야 하고 고른 다음 필요한 권리는 그때그때 공부하면 되는 것이다. 모든 것을 완벽하게 갖춘 후에 출발하면 늦는다. 부동산의 진정한 가치는 시간에 있다는 점을 깨달아야 할 것이다.

처음 경매 공부를 시작할 때 일단 권리 분석이 복잡한 물건에 눈을 돌리는 사람들이 있다. 대구에 살고 있는 양택현 씨는 일대일 교육을 받으면서 권리관계에 대한 내용 위주로 질문하기 시작했다. 개인 지도는 부동산을 보는 안목을 단기간에 높여 주는 훈련부터 시작한다. 하지만 훈련을 다 소화하기도 전에 권리가 복잡한 물건에 대해 궁금해하는 시간이 많았다. 대부분 감정가 규모가 크고 여러 권리들이 얽힌 물건들만 파고들었다. 정작 자신이 투자할 여력이 없음에도 이런 호기심은 계속되었다. 물론 돈이 소액이라고 해서 큰 금액의 물건을 공부하지 말라는 뜻은 아니다. 훈련에도 단계가 있는 것이다. 지식에 눈이 멀게 되면 돈과도 인연은 멀어진다. 돈을 버는 기술을 배웠다면 결과를 만들어내는 일이 굉장히 중요하다. 단지 지식을 위한 공부는 시간을 낭비하는 꼴이다. 복싱을 배우려고 해도 줄넘기 같은 기초 체력 훈련을 다 진 후 펀치 연습을 하는 것과 같은 이치다. 애초에 돈 되는 물건을 고르는 것은 초보자가 가장 먼저 갖추어야 할 능력이다.

부동산 경매 투자는 쉽게 시작하고 가능한 한 빨리 성공해 보는 것이 좋다. 1등을 해 본 운동선수는 다음 번 대회에서도 1등을 차지할 확률이 높다. 장학금을 한 번이라도 받아 본 학생은 다음 학기에도 장학금을 받을 확률이 높은 것처럼 말이다.

돈을 투자해 돈을 버는 기술은 그 즉시 실천해야 자기 것으로 만들 수 있다. 머리로 외우지 말고 몸으로 익혀야 한다. 머리로 외운 기억은 쉽게 사라지지만 몸으로 겪은 체험은 사라지지 않는다. 제대로 배우고 정확히 익혀야 실수하는 법이 없다.

매번 최저가를 써서 운을 기대하거나 대충 조사해서 낙찰을 기대하는 태도로는 절대 성공할 수 없다. 수익이 적다고 무시하는 태도 또한 금물이다. 권리관계가 간결하고 쉬운 것들 중 돈이 될 만한 물건을 추려내어 가능한 한 빨리 낙찰을 받아 보라. 욕심을 적게 가질수록 성공할 확률은 커지고 이를 반복할수록 부는 극대화될 것이다.

모든 권리 지식을
공부할 필요는 없다

"법을 전혀 모르는데 경매 투자를 할 수 있을까요?"

"모든 권리 지식을 다 공부한 후에 투자를 하는 것이 옳지 않나요?"

교육 상담을 하다 보면 이런 질문들이 대부분이다. 사람들은 자신이 모르는 분야에 대해 두려움을 갖는다. 왜 해 보기도 전에 두려워하는 것일까?

부자와 가난한 사람의 차이는 두려움을 극복하는 용기에서 비롯된다. 경매 투자의 목적은 돈을 버는 일이다. 이 본질적인 목적을 잊지 않는다면 경매 공부가 훨씬 쉬워진다. 다시 말해 돈을 버는 데 필요한 지식만을 공부하면 되는 것이다. 돈은 걸음이 매우 빠르다. 내가 모든 지식을 다 배울 때까지 한없이 기다려 주지 않는다.

정말 모든 권리 지식을 공부하지 않더라도 경매 투자가 가능한 것일까? 돈이 되는 경매 물건을 골라 그때마다 필요한 권리 지식을 찾아 공부하면 어렵지 않다. 변호사나 공인중개사가 될 목적이 아니라면 굳이 많은 법률 지식을 공부하는 데 시간을 소모할 필요가 없다는 말이다. 요즘 30대 직장인들의 경매 투자가 눈에 띄게 많아지고 있다. 특히 경매 투자 연령이 갈수록 낮아지고 있다.

2016년 여름, 나에게 교육을 받고 연달아 빌라 3채를 낙찰받은 권석훈 씨가 있다. 대학생활을 축구선수로 활약하다 부상으로 꿈을 접은 청년이다. 그의 아버지는 몇 년 동안 경매를 독학해 권리 분석은 자신감에 넘쳐 있었다. 하지만 실전 투자는 전무했다. 그래서 아들에게 기술을 배우게 하고 금전적 지원을 통해 수익을 창출하고자 한 것이다. 이렇게 경매 투자를 시작하게 된 그의 나이는 고작 22세였다. 빌라 3채를 낙찰받은 기간이 단 3개월임을 감안하면 권리 분석이 경매 투자의 전부가 아님을 알아야 할 것이다.

한두 건 정도 투자 경험이 있거나 낙찰은 받았지만 수익률이 너무 낮아 오히려 손해를 본 사람들은 늘 존재한다. 이런 미숙한 투자자들은 경매 시장에 처음 뛰어든 초보 투자자들에게 공포탄을 쏘아댄다. 잘못 낙찰받으면 큰일이 나는 것처럼, 받아 봐야 수익이 나오지 않는다는 식의 부정적인 말들을 거침없이 쏟아낸다. 그리고 잘못된 투자 원칙을 전수해 주기도 한다.

특히 경매 투자에 실패해서 보증금을 날리거나 손해를 본 경험이 있는 투자자라면, 권리 분석에 대한 중요성에 대해 열심히 이야기한다. 이제 막 경매 공부를 시작한 사람들은 이런 하수들에게 상당한 공감을 표함과 동시에 권리 분석이라는 과목에 집중하게 된다. 경매를 가르치는 학원은 이런 권리 분석을 배우려는 사람들로 북새통을 이룬다.

5년 전, 50대 후반인 전성준 씨가 경매 투자를 시작한 지 20년이 넘었다며 교육을 신청했다. 나는 그의 경력을 보고 "그럼 꽤 많은 부동산을 보유하고 계시겠네요?"라고 물었고, 그는 딱 한 채만을 갖고 있다고 말했다.

보통 경매 투자를 10년간 해서 재산의 변화가 없다면 그 사람은 경매를 못한다고 표현한다. 그런데 20년간 경매 투자를 했는데 단 한 건만 낙찰을 받았다니 믿을 수 없었다. 하지만 더 놀라운 것은 최저가로 단독 응찰을 받았다는 사실이었다. 한숨이 절로 나오는 순간이었다. 권리 분석은 수년간 해왔기 때문에 자신이 있었지만 정작 수익이 나는 물건인지 아닌지 파악하는 능력은 갖추지 못했던 것이다.

몇 년간 경매 투자로 수익률에 변화가 없다면 잘못된 공부를 한 것이다. 이제 막 경매 시장에 입문한 초보 투자자들에게 당부하고 싶은 말이 있다. 복잡한 권리관계에 기죽지 마라.

권리 분석은 경매 초보자들에게 단지 법률 지식 자체에 초점을 두게 만든다. 그래서 법률 지식에 대한 호기심과 두려움을 동시에 유발시킨다. 권리관계가 어려울수록 돈이 된다는 사람들의 심리를 자극하는 것이다.

지식을 갈구하는 사람들의 특징은 자신의 실제 투자금과는 거리가 멀지언정 권리 해결에 대부분의 시간을 할애한다. 어려운 권리관계를 풀어냄으로써 만족감을 얻는다. 또한 학문적 욕구를 해결하고자 하는 마음이 강하다. 많은 사람들이 돈을 벌기 위해 경매 시장에 뛰어든다. 그러나 정작 부자가 되는 방법을 고민하기보다 공부를 위한 공부를 하는 나머지 많은 시간을 허비하게 된다.

내가 진행하는 교육 프로그램에는 부동산을 보는 눈을 키우는 훈련이 가장 우선순위를 차지한다. 이 훈련을 마치면 수강생들은 자신에게 맞는 우량 물건을 아주 쉽게 찾아낸다. 우량 물건 찾는 훈련을 하는 동안에는 철저하게 지식에 대한 탐욕을 억제시킨다. 오로지 안목을 키우기 위한 훈련에만 초점을 맞춘다. 하지만 간혹 학문적 지식에 빠져 훈련을 멈추는 수강생이 있다. 보유 자금은 소액인데 20억 원 정도 되는 건물의 유치권을 공부하고 싶어 한다.

훈련에도 단계가 있다. 복싱 선수가 펀치 기술을 연마하기 전에 줄넘기나 근력 훈련으로 기초 체력을 먼저 다지듯이 경매 공부에도 순서가 필요하다는 것을 알아야 한다. 단계별로 하나씩 따로 떼어 훈련을 한 연후에 전체를 합쳐야 완벽한 기술을 체득하게 된다.

권리 분석을 공부하다 보면 예외도 있고 법칙도 많아서 공부해야 할 내용들이 많다. 초보자 입장에서는 공부할 내용이 많으니 머리가 아프고 지루하기도 하다. 그러나 권리 분석 공부를 아무리 해도 경매 투자 실력은 저절로 늘지 않는다. 왜냐하면 애초에 물건을 선정할 당시 좋은 물건이어야 하는 전제 조건이 붙어야 하기 때문이다.

애초에 좋지 않고 돈이 되지 않는 물건을 골라 권리 분석을 하는 것은 아무 소용이 없다는 말이다. 수익률이 좋을 법한 물건을 찾아내는 것이 우선이고 그다음이 권리관계가 위험한 요소들이 있는지 확인해 나가는 것이 순서다.

경매 초보자들은 권리 분석을 깊이 공부할 시간에 물건을 보는 안목을 키우는 데 시간을 투자해야 한다. 기본적으로 권리 분석이 필요하지만, 좋은 수익률을 내는 데 권리 분석이 전부를 차지하지 않는다는 사실을 기억해야 할 것이다.

종로에 위치한 '마이크임팩트스쿨'에서 교육을 진행했던 때의 일이다. 가장 기억에 남는 분이 있는데 2년 동안 독학을 해 온 40대 초반 직장인인 서연정 씨였다. 그녀는 단 한 차례도 법원 입찰을 해 본 적이 없었다. 이유는 권리 분석에 대한 확신이 없어 입찰할 용기를 내지 못하는 것이었다.

내가 진행하는 수업은 없던 용기도 생기도록 하는 교육이 포함되어 있다. 수업을 마치고 용기를 얻어 당시 의정부에 있는 아파트를 입찰했다. 경매를 공부한 지 2년 만에 첫 도전이었다. 입찰 전날 15분 정도 통화를 한 것 같다. 그런데 그녀는 내가 예상한 금액과는 한참 떨어진 낙찰가를 생각하고 있었다. 나는 시세 분석과 논리적인 근거를 통해 최소한 넘어야 할 금액을 알려 주었다. 결과는 1만 원 차이로 패찰이었다. 하지만 그녀는 첫 도전에서 많은 것을 깨달았다고 말했다. 이제 입찰할 수 있는 용기가 생겼다는 장문의 감사 메일까지 나에게 보내왔다. 비록 낙찰받지는 못했지만 이 경험을 계기로 확고한 판단 기준을 갖추게 된 셈이었다.

부동산 경매에서 모든 권리 지식을 아는 것보다 중요한 것은 어떻게 하면 돈이 되는 물건을 남보다 빨리 찾을 수 있을까 하는 것이다. 경매 투자의 본질은 부자가 되는 것이다. 그렇다면 어떻게 부자가 될 수 있을까에 대해 고민하고 또 고민해야 한다. 경매라는 도구를 이용해 되도록 빠르게 부를 축적하는 방법을 터득해야 한다.

부자 의식과 부동산을 보는 안목 없이는 아무리 복잡한 권리 분석도 경매 투자 과정의 일부에 지나지 않는다. 권리 분석 능력이 뛰어나도 결국 부동산의 가치를 알아보지 못한다면 아무 소용이 없다는 뜻이다. 권리 지식은 원리를 이해하면 쉽다.

즉 법리적인 측면에서 이해할 수 있으면 두려움을 해소할 수 있게 된다. 경매 초보자들이 많이 범하는 실수는 모든 지식을 외우는 데 시간을 보내는 것이다. 그보다는 감각적으로 우량 물건을 고를 수 있는 능력을 키우는 데 시간을 더 쓰는 것이 좋다. 이것이 경매 공부를 시작하는 사람에게 가장 효율적인 공부법이 될 것이다.

법을 몰라도 경매 투자는 누구나 가능하다. 모든 이론을 알아야 한다면 법을 전공한 사람들만 경매 투자를 할 수 있을 것이다. 하지만 국가는 경매 물건이 재고가 쌓이는 것을 원하지 않는다. 누구나 살 수 있게 제도적 장치까지 만들어 두고 경매 사업을 한다. 한정된 실무 관련 지식만 익히면 곧바로 투자가 가능한 곳이 부동산 경매 시장이다. 모든 권리 지식을 섭렵할 때까지 투자를 망설이는 것은 옳지 않다.

실전에서 통하는 부동산 경매 7가지 기술

발품을 팔지 않고
좋은 물건 고르는 3가지 원칙

"요즘은 예전만 못하다."
"경매 물건 수가 정말 많이 줄었어."

어떤 생각이 드는가? 구입할 것이 없다는 말은 자신이 원하는 수익이 나오는 물건이 없다는 뜻이 된다. 경매 물건 수가 줄었다는 말은 자신이 입찰하고 싶은 물건이 그만큼 없다는 뜻이다. 이 모든 원인은 누구에게 있을까? 바로 나 자신에게 있다. 보는 안목이 부족하고 예전보다 더 나은 수익을 얻기 위한 과욕에서 비롯된 결과이다.

나에게 수업을 받고 경매 투자를 시작한 22세 권석훈 씨는 처음에 경매의 '경' 자도 모르던 사람이었다. 하지만 수업을 마치고 시세 조사 훈련을 거듭한 끝에 낙찰받았다. 어떤 질문을 부동산 업소에 해야 하고, 어떻게 명도를 해야 하며, 어떻게 임대를 내야 하는지 밤낮을 가리지 않고 물었던 기억이 난다. 몇 개월이 지나 3개월 동안 연달아 2건을 낙찰받았다. 3번째부터는 단독으로 투자를 시작했다. 이후 1건을 더 낙찰받고, 부모님께 그동안 낙찰받은 부동산의 관리를 맡기고 군대에 갔다.

이 모든 과정은 스마트폰 하나로 이루어졌다. 물론 입찰 전에 현장을 방문하는 것은 기본이다. 하지만 회사를 다니는 직장인들의 입장에서는 매번 월차를 내고 돌아다닐 수 없는 일이다. 부동산은 발품을 많이 팔아야 한다는 고정관념을 버려야 한다. 정글에서 사자들은 먹잇감을 쫓을 때 여러 마리를 사냥하지 않는다. 힘이 가장 약해 보이거나 어린 동물을 표적으로 삼는다. 그리고 여러 마리가 한꺼번에 공격한다. 아무리 밀림의 왕이라 할지라도 사냥할 때에는 심혈을 기울여서 모든 힘을 동원시킨다.

경매 시장도 정글과 같다. 생존을 위한 전쟁터라 해도 과언이 아니다. 사냥감을 포착했다면 놓쳐서는 안 된다. 이를 위해 만반의 준비를 갖추는 것은 당연하다. 이 물건, 저 물건 찔러보는 식으로는 시간만 낭비할 뿐이다. 찔러 보는 사람들의 속성은 최저가를 노리고 많은 수익을 기대하는 욕망을 소유한 자들이다.

팀을 이루어 10건을 한꺼번에 매일 들어가는 사람들도 있다. 그중 가장 낮은 가격으로 낙찰되면 이익을 서로 나눠 갖는다. 하지만 이 방법의 단점은 시간을 많이 쓴다는 것이다. 큰 부자는 시간을 아낀다. 작은 시간도 쪼개서 활용하고 어떻게 하면 시간을 단축시킬 수 있을까 늘 고민한다. 빠르게 변하고 있는 요즘 시대에 몸을 써서 시간을 낭비하는 행위를 줄이는 것이 돈을 버는 길이다.

경매 초보자가 좋은 물건을 고를 때에는 3가지를 원칙으로 삼으면 된다. 이 원칙은 다른 경매 책들이 이야기하는 것과 반대되는 내용이다. 하지만 분명한 것은 이 원칙을 지킨 초보자는 최소한 첫 투자에서만큼은 성공을 거두게 될 것이다.

첫째, 맞선을 보듯 하면 된다.

아마 요즘 세대들은 잘 모를 수 있을 것이다. 1970~1980년대만 해도 서로 얼굴을 보지 않고 결혼하기도 했다. 지금도 어머니는 "내가 너희 아버지 얼굴만 봤어도 결혼 안 했다."라고 하신다. 그때마다 가족들은 박장대소한다.

다시 본론으로 돌아가면 직접 발품을 팔지 않고, 현장에 가지 않고도 좋은 물건을 고를 줄 알아야 한다. 애초에 상품의 질이 좋다는 보장이 있어야 사는 것이다. 신뢰받는 브랜드는 굳이 고민하지 않고 바로 구입하는 것과 같은 이치다.

내가 아는 지인은 한 남성과의 맞선에서 퇴짜를 놓은 일을 후회하고 있다. 이야기를 들어보니 그 당시에는 맞선남이 임대 사업을 한다고 해서 무시했다는 것이다. 특별히 직장에 다니지도 않고 1년 중 2~3개월만 일을 한다고 했다. 그때를 생각하면 땅을 치고 후회한다고 말한다. 맞선 장소에 나가기 전에 어떤 행위가 이루어지는지 생각해 보라. 양가 부모님들의 손에는 상대방의 증명사진이 있다. 맞선 당사자들은 맨 처음 이 증명사진으로 서로를 보게 된다. 만일 여자 쪽에서 마음에 들지 않았다면 어떤 반응이 나올까?

"엄마, 나 맞선 안 볼래. 내 스타일 아니야."

보통 상대방이 마음에 들지 않을 때 만나 보기도 전에 나오는 첫 이야기다. 부동산도 마찬가지로 옥션 사이트에 진열된 사진만 보고 내가 마음에 들지 않는다는 이유로 쳐다보지도 않는다. 자신이 마음에 드는 모습을 하고 있어야 비로소 찾아보고 조사한다. 즉, 건물의 생김새가 낡았거나 지저분하더라도 주의 깊게 살펴봐야 하는 것이다. 이런 물건은 초보자들이 그냥 지나칠 수 있기에 자신이 경매 초보자라면 색안경을 벗고 들여다봐야 하는 것이다.

그럼 다시 맞선 이야기로 돌아가 보자. 일단 증명사진을 본 후 이렇게 묻는다.

"이 사람, 뭐 하는 사람이야?"

"직업이 뭐야?"

"연봉은 얼마래?"

"키는 커?"

당연한 질문이라고 여길 것이다. 돈이 되는 부동산을 고를 때에도 이런 질문들이 적용되어야 한다. 건물의 생김새가 못마땅하더라도 다각도의 질문을 통해 진단해 봐야 한다. 부동산 업소에 전화를 걸어 매매가와 전월세를 파악하는 것이다. 기본적으로 임대 수요에 대한 조사는 필수다. 이때 중요한 것은 틈나는 시간을 이용해 전화 한 통으로 시세를 파악하는 행위이다.

이 행위를 절대 무시해서는 안 된다. 우리나라 직장인들의 평균 업무 시간 중 최대로 집중하는 시간은 고작 3시간이라는 통계가 있다. 마음만 먹으면 10분 정도의 시간을 확보할 수 있을 것이다. 전화 한 통 하는 것으로 시세를 알아보고 감정가 대비 시세가 높으면 좋은 물건일 수 있다. 오히려 감정가보다 시세는 낮지만 월세 수요가 풍부하고 월세 수준도 좋다면 투자해 볼 만한 물건이 된다.

쉽게 이야기하면 매매 시세는 적은 반면 월세 수익이 꾸준하고 대출 이자를 충분히 제외하고도 남는 물건이라면 경매 초보자에게는 안성맞춤이다.

둘째, 역세권이 아니더라도 교육 환경이 충분하면 조사 대상에 포함시킨다.

대부분의 전문가들은 역세권이어야 한다는 원칙을 고수한다. 하지만 나에게 수업을 받은 교육생들이 낙찰받은 곳은 모두 역세권이 아니다. 언덕으로 올라가야 하는 집도 있고, 마을버스를 타고 한참 들어가야 하는 집도 있었다. 특히 입소문이 난 초등학교는 위장 전입까지 하면서 이사를 오는 지역도 존재하기 때문에 이런 곳을 찾아낸다. 역세권과는 거리가 멀어도 월세 수요는 끄떡없기 때문이다.

2016년 38세 이정현 씨는 지하철역은 전혀 없고 저층이 아닌 4층에 위치한 강원도 도심에 있는 상가(사진 6)를 낙찰받기도 했다. 실투자금이 2,000만 원이었고, 연 1,000만 원에 가까운 수익이 나오는 물건이었다. 물론 수요도 없고 감정가가 저렴한 물건만 보라는 말이 절대 아니다. 앞서 언급한 행위들이 선행되어야 할 것이다.

소재지	○○도 ○○시 △△구 ◇◇◇동 ○○1길 90				
용도	상가(점포)	채권자	○○○	감정가	226,000,000원
대지권	96.19㎡(29.1평)	채무자	△△△	최저가	(49%) 110,740,000원
전용면적	227.04㎡(68.68평)	소유자	◇◇◇	보증금	(10%) 11,074,000원
사건접수	2015-08-04	매각대상	토지/건물일괄매각	청구금액	692,819,720원
입찰방법	기일입찰	배당 종기일	2015-10-26	개시결정	2015-08-06

(개요)

(사진 6)

사업을 세 번 실패하고 기진맥진한 상태로 경매 교육을 받으러 온 40대 초반 장혜숙 씨가 있었다. 이 여성은 부동산 경매를 배워 소형 빌라(사진 7) 한 채를 낙찰받는 것이 목표였다.

목표가 뚜렷해 머지않아 이루겠다는 생각을 했는데, 교육 2개월 만에 낙찰을 받았다. 그것도 실투자금이 1,000만 원도 들어가지 않는 물건이었다. 당시 그 경매 물건 인근에는 밭이 많았고 개발이 덜 된 지역이었다. 편의 시설도 없는 데다 계양역과 한참 떨어진 곳에 위치했다. 이사비도 없이 60만 원의 수리로 월세 계약이 이루어진 성공적인 투자였다.

소재지	◇◇◇도 ○○시 △구 ◇동 190				
용도	다세대(빌라)	채권자	○○○	감정가	105,000,000원
대지권	30.45㎡(9.21평)	채무자	△△△	최저가	(70%) 73,500,000원
전용면적	35.72㎡(10.81평)	소유자	◇◇◇	보증금	(10%) 7,350,000원
사건접수	2015-08-28	매각대상	토지/건물일괄매각	청구금액	109,141,214원
입찰방법	기일입찰	배당종기일	2015-11-05	개시결정	2015-08-31

(개요)

(사진 7)

그녀는 지금 나와 같이 일하는 스태프가 되었다. 법원 견학을 가이드하고 현장 조사를 하며 제2의 인생을 살고 있는 것이다. 이런 일을 계기로 예전의 나 같은 직장인들을 위해 무엇을 할 수 있을지 더욱 고민하게 되었다. 본업을 유지하면서 경매 교육이나 투자, 컨설팅을 통해 1인 창업을 하고 싶은 직장인들에게 멘토가 되는 것이 또 하나의 목표가 되었다.

셋째, 현장답사 또는 임장이라고 한다.

맞선 이야기로 다시 돌아가면, 스펙이 아무리 좋고 인물이 좋아도 내 스타일이 아니면 만나고 싶지 않은 사람들도 많다. 부동산 경매 시장에서는 만나고 싶지 않아도 시세가 좋다면 생각을 달리해 봐야 한다.

즉, 내가 원하는 사냥감을 포착했다면 조사를 완벽히 다 마친 후에 현장 방문을 하는 것이다. 현장을 나갈 때에는 이 물건을 놓치면 굶어 죽는다는 생각으로 임해야 한다. 다음에 또 입찰하면 된다는 생각을 갖고 투자에 임하면 절대 좋은 성과를 낼 수 없다. 금방 열정이 식고 지쳐 버리기 때문이다.

내가 입찰하고자 하는 물건과 만나게 되면 여러 가지 사항을 확인해야 한다. 맞선 자리에서 얼굴을 맞대고 좋아하는 음식이나 색깔, 취미 등을 묻는 것처럼 확인하는 것이 중요하다.

실제 나의 경우 대중교통을 이용하기도 한다. 직접 해당 물건지까지 차분히 걸으며 주변 환경을 탐색한다. 이때 유의할 점은 편의시설이나 교통 여건이 나쁘다고 해서 실망하지 말라는 것이다. 인접한 지역의 발전 가능성을 타진하고 상권이 형성되어 있는 지역과

연결되어 있다면 반드시 조사해 봐야 한다. 돈이 될 부동산이 존재한다. 눈에 보이는 것만 믿으면 큰돈을 벌 수 없게 되는 것이다.

좋은 물건을 고르는 3가지 원칙은 맞선 보는 원리로 이해하면 쉽다. 보기 좋은 모습이 아니라도 한 번 주의 깊게 볼 줄 알아야 한다. 입지가 다소 좋지 않더라도 교육 환경이 좋은 곳은 월세 수요가 존재할 것이니 반드시 조사해 보라. 모든 조사가 끝났다면 현장을 방문해 직접 물건을 보고 주위 환경도 살펴보면 될 것이다. 초보자일수록 이 3가지 원칙을 머릿속에 담아 두고 물건을 검색하기 바란다. 손해 볼 일은 없을 것이다.

박카스 한 병으로
알짜 정보를 수집하라

"박카스 한 병 주세요."

현장 답사를 나가면 매번 인근 마트에 들러 박카스 한 병을 산다. 마트는 입찰할 부동산을 둘러보고 돌아가는 길에 마지막으로 습관처럼 들르는 곳이다. 굳이 박카스를 사는 이유는 특별히 없다. 돌아다니느라 피곤한 몸을 카페인으로 충당하는 정도다. 정확히 이야기하면 해당 물건지에 대한 정보를 수집하려는 목적으로 마트를 간다. 한곳에서 오랫동안 운영된 마트일수록 좋다. 그 지역을 훤히 꿰고 있을 확률이 높기 때문이다. 박카스를 사면서 계산할 때 이렇게 물어본다.

"사장님, 여기 살기 좋아요?"

"아유, 그럼요. 살기 좋죠."

"그래요? 제가 이쪽으로 이사를 올 생각이에요."

"여기 물가도 싸고 초등학교도 좋다고 소문이 나서 인기가 많아요."

"근데 집값은 싸더라고요."

"거래는 잘 안 되는데 월세가 없어요."

"월세가 없어요? 그게 무슨 말이세요?"

"초등학교를 보내려고 이쪽으로 엄마들이 많이 이사 와요."

전문적인 용어를 사용하며 많은 질문을 애써 할 필요가 없다. 자연스럽게 수다를 떨 듯 대화하라. 요즘 주부들이 부동산 경매 시장에서 심심치 않게 성과를 거두는 이유가 바로 여기에 있다. 무뚝뚝한 남자들보다 여자들의 입에 착 달라붙는 말솜씨가 잘 먹히기 때문이다. 남자들의 대화는 짧고 간단명료하다. 원하는 바를 돌려서 이야기하지 않는다. 건조함 그 자체다.

"사장님, 그 빌라 얼마에요?"

"1억 2,000만 원 정도 합니다."

"그게 시세인가요?"

"네, 그렇죠."

"그럼 월세는요?"

"1,000만 원에 월 40만 원은 주셔야 합니다."

"네, 알겠습니다. 다음에 연락드리겠습니다."

"네, 그러세요."

어떤 여성들은 전화로 3시간을 통화했으면서도 이렇게 이야기한다.

"자세한 건 만나서 이야기하자."

대부분의 남자들에게는 결코 있을 수 없는 일이다. 어쨌든 알짜 정보를 수집하는 일은 의외로 쉽다. 수다를 떨 듯 대화를 하다 보면 예기치 않은 정보도 얻게 된다. 꼭 마트를 고집하지는 않아도 된다. 분식집이나 일반 음식점에 들러 식사를 하며 가게 주인에게 이것저것 질문을 해도 좋다.

주인이 여성이라면 절대 짧은 답을 주진 않는다. 정보의 가치가 의외로 높은 경우도 있으니 꼭 시도해 보기 바란다. 이 방법은 눈치 볼 필요도 없는 가장 쉬운 정보 수집 방법 중 하나이다.

경매 교육을 하다 보면 인터넷에 있는 연락처를 보고 상담을 해 오는 경우가 종종 있다. 그중 무작정 자신이 묻고 싶은 것만 툭 던지는 사람도 있다.

"거기 경매하는 데 맞죠?"

"네, 그런데요."

"세 들어 살고 있는 집이 경매로 넘어갈 것 같은데, 어떻게 해야 하나요?"

"누구신지 성함이라도 알 수 있나요?"

"그건 아실 필요 없어요. 제가 어떻게 해야 하는지만 알려 주세요."

"……."

실제 이런 경우가 있었다. 매우 당황스러웠던 기억이 난다. 신분은 밝히지 않더라도 최소한 그 사안이 발생하게 된 원인이나 개요 등을 먼저 설명해 주어야 내용을 파악할 수 있다.

사람들은 대화를 할 때 주어를 생략하고 말하는 경향이 있다. 자신이 아는 것을 상대도 알고 있다는 가정하에 말을 하는 것이다. 전화로 하는 대화는 서로 얼굴을 보지 않는다. 말이 전부이기 때문이다. 말투나 사용하는 단어들이 대화의 분위기를 결정짓는다. 자신이 원하는 것을 얻고자 한다면 상대방을 존중하는 마음으로 대화에 임해야 한다. 존중하는 태도로 물어야 양질의 답을 얻을 수 있다. 묻는 태도가 정보의 질을 좌우한다는 사실을 기억해야 할 것이다.

나는 스펙이 없어 한때 '유학이라도 다녀와야 하나?'라는 생각으로 토플 공부를 한 적이 있다. 물론 3개월 만에 포기했지만 당시만 해도 열등감을 해결하기 위한 최소한의 노력이었다.

유학을 가기 위해 강남의 여러 유학원을 찾아 다녔다. 이론적인 프로그램으로 명성이 높은 학교가 있고 유명하지는 않지만 실무적인 프로그램이 뛰어난 학교도 있었다. 학문적인 소양을 충족하고자 했기에 이론적인 프로그램을 갖춘 학교들을 대상으로 정보를 수집했다. 즉, 내가 원하는 방향으로 초점을 맞춰 조사했던 것이다.

부동산 시세를 조사하기 전, 가장 먼저 해야 할 일이 있다. 바로 조사의 방향성을 결정하는 일이다. 내가 어떤 정보를 원하는지 길을 만들어 놓아야 한다. 그렇지 않으면 샛길로 빠지게 된다. 한번은 화곡동에 있는 빌라에 대한 시세 조사를 할 때의 일이다.

"여보세요? 부동산이죠?"

"네, 말씀하세요."

"12평짜리 경매로 나온 빌라에 대해 여쭤보고 싶어서요."

"아, 그 빌라는 받지 마세요. 연식이 오래돼서 시세도 안 좋아요."

"그래요? 시세가 얼마인데요?"

"뭐 하려고 하세요, 제가 아파트 싼 거 하나 갖고 있는데 이거 한번 보세요."

시세 조사를 해 보면 이런 경험을 한 번쯤 겪게 된다. 이뿐만 아니라 내가 원하는 곳의 주변 상황을 묻는데 상대방은 다른 곳에 대한 정보를 말할 때도 있다. 상대방의 말에 끌려다니면 정보의 질은 이미 가치가 떨어지게 된다. 정보가 제대로 모이지 않으면 경험에 비추어 추론하게 된다. 가격에 대한 합리적인 의심은 할 수 없게 되는 것이다.

가치가 없는 정보를 모을수록 시세 파악은 점점 혼란스러워진다. 시세를 잘못 판단해 낙찰을 받지 못한다면 누구의 잘못일까? 그 책임은 자신에게 있다. 정보 자체는 잘못이 없다. 자신이 묻는 방식이 과연 옳았는지 고민해야 한다.

조사된 결과의 진위 여부를 가리고 정보에 대한 가치를 따져 보는 습관을 들여야 할 것이다. 그렇다면 부동산 업소에 시세를 물을 때 어떻게 하는 것이 좋을까? 사람은 입으로 말한다. 말을 하면 상대방은 귀로 듣는다. 보이지 않는 것을 볼 줄 알아야 큰돈을 번다.

들리는 대로 듣지 말고 귀로 읽어야 한다. 귀로 읽는 연습을 하면 상대방의 마음을 읽을 수 있다. 쉽게 이야기하면 상대방이 어떤 마음으로 나에게 정보를 말하는지 읽어내야 한다는 뜻이다.

화가 난 듯 퉁명스럽게 쏘아 붙인다면 내가 질문을 그렇게 던졌기 때문이다. 내가 원인을 먼저 제공했기 때문에 그에 상응하는 결과가 온 것이다. '가는 말이 고와야 오는 말이 곱다'라는 속담이 여기에 해당한다.

　마음을 읽을 수 있게 되면 생각이 단단해지는 결과로 이어진다. 사고의 기준이 흐트러지지 않고 바로 서게 되는 것이다.

　등잔 밑이 어두운 곳에 정보는 늘 숨어 있다. 내가 살게 될 곳이라는 생각으로 궁금한 사항들을 물어보라. 박카스 한 병 사는 것만으로 의외의 알짜 정보를 수집할 수 있다.

경쟁률 분석이
타격률을 좌우한다

"딱 한 명 왔다고 합니다."

강의를 하고 있는 도중, 38세 주부 이자영 씨로부터 전화를 받았다. 입찰할 아파트에 대한 현장 답사를 마치고 연락을 한 것이었다. 현장 답사를 나가면 반드시 조사하는 것이 있다. 바로 경쟁률이다. 얼마나 많은 사람들이 내가 들어갈 경매 물건에 관심을 갖고 있는지 수치를 확인하는 작업이다. 보통 아파트의 경우, 관리 사무실에 들러 관리소장에게 얼마나 많은 사람이 왔는지 물어본다.

그녀는 전화 통화에서도 느껴질 정도로 굉장히 흥분해 있었다.

마음에 들뿐더러 경쟁률도 낮을 것 같은 생각이 들어서였다.

"경쟁률 확인했어요?"

"네, 딱 한 명 왔대요."

"다른 부동산 업소에도 알아봐요."

"이 물건은 사람들이 많이 안 들어올 것 같아요."

"그건 모르는 일이에요."

"최저가에서 살짝만 높여 쓸 생각입니다."

그녀의 성격은 저돌적이다. 밀어붙이는 힘이 남자보다 훨씬 좋다. 한번 결심하면 돌아보지 않고 앞만 보고 돌진한다. 투자 마인드와 실행력이 그야말로 하늘을 찌르는 유형이었다. 아파트 입찰건은 교육 초기에 있었던 일인데 싸게 낙찰받을 수 있겠다는 섣부른 예측이 패찰의 요인이 되었다. 너무 쉽게 판단했던 것이다. 당시 18명 정도가 응찰했다. 그녀는 최저가의 미련을 버리지 못하고 그 이후에도 몇 건의 입찰을 시도했다. 사실 신이 아닌 이상 몇 명이 응찰할지 아무도 모른다. 물론 단독 응찰이 될 수도 있을 것이다. 수익률이 좋고 권리상 하자가 없는 좋은 물건이 단독 낙찰되는 사례도 가끔 있다.

부천에 있는 빌라를 조사하고 낙찰가를 결정해 입찰한 교육생이 있었다. 타 지역에서 오느라 입찰일 하루 전날 현장을 보고 인근 부동산 업소를 방문해 경쟁률을 알아보았다. 그가 입찰하고자 하는 빌라에 대해 물어본 사람이 극히 적었다. 겨우 두세 명에 불과해 경쟁률이 그리 높지 않을 것이라는 생각이 들었던 것이다. 이럴 때 나만 이 물건을 발견한 것 같은 착각이 들기도 한다.

법원에서도 입찰 당일 입찰서를 작성하다 보면 주변이 한산할 때가 있다. 매각되는 물건의 수가 적을 경우 응찰하는 사람의 수도 적을 수밖에 없는 것이다. 하지만 응찰자 수는 16명이 넘었다. 당시 그보다 입찰가를 더 쓴 사람은 두세 명 정도가 더 있었다. 이는 경쟁률이 낮을 것이라는 추측을 낙찰가에 적극적으로 반영한 결과였다.

2017년 5월, 경기도 광주에 있는 빌라(사진 8) 두 채가 경매로 나왔다. 모 대기업 연구원인 이승경 씨는 교육을 진행하며 이 물건에 입찰하기로 결정했다. 조사를 지겹도록 시켰다. 나중에 낙찰 후기를 보니 원망 섞인 마음이 가득 묻어 있었다. 왜 자꾸 조사한 내용을 또 조사하라고 하는지 당시에는 몰랐던 것이다. 조사를 반복하고 신기한 현상이 일어났다. 해당 물건의 주변 환경들이 파노라마처럼 머릿속에 펼쳐졌다고 회상했다. 입찰 바로 전날 전화 연락이 왔다. 2층과 3층이 나와 있는데 어떤 층에 응찰할 것인지 물었다.

"2층에 입찰하세요."
"2층은 경쟁률이 셀 것 같아요."

“3층보다는 2층이 좋을 텐데.”

“3층으로 입찰하고 싶어요.”

결국 3층에 입찰했다. 12명이 넘는 응찰자가 들어왔고 2층은 낮은 금액으로 단독 낙찰되었다. 경매는 어떤 결과가 나올지 모르는 것이다. 하지만 편견을 가지고 추측만으로 투자를 결정하는 것은 더 나은 수익을 놓치게 만드는 빌미를 제공한다.

경쟁률을 참조해 낙찰가에 반영하는 일이 꼭 맞아떨어지는 것은 아니다. 오히려 차 순위와의 간격을 크게 벌려 놓기도 한다. 차이가 많이 나면 낙찰자 자신보다 주변 사람들의 질타가 많아진다. 왜 그렇게 높게 썼냐는 둥, 그런 물건은 왜 받았냐는 둥, 왜 경매를 해서 그러냐는 등 듣기 힘들 정도의 이야기들을 쏟아낸다. 결국 ‘나는 경매 투자를 하면 안 되는구나’ 하는 생각이 온통 머릿속을 채운다.

소재지	○○도 ○○시 △△구 206				
용도	다세대(빌라)	채권자	○○○	감정가	170,000,000원
대장용도	다세대주택	채무자	△△△	최저가	(70%) 119,000,000원
대지권	62㎡(18.75평)	소유자	◇◇◇	보증금	(10%) 11,900,000원
전용면적	53.34㎡(16.14평)	매각대상	토지/건물일괄매각	청구금액	130,081,300원
사건접수	2016-11-14	배당 종기일	2017-01-23	개시결정	2016-11-15

(개요)

(사진 8)

　일반적으로 2등과의 금액 차이가 적게 나기를 바란다. 간발의 차이로 낙찰을 받는 것이 잘한 것이라고 여기기 때문이다. 신이 아닌 이상 그 간격을 줄이는 일은 결코 쉽지 않다. 그 간격에 초점을 맞추고 경매 투자에 임한다면 절대 승률을 높일 수 없다. 경매 시장은 돈을 벌기 위한 곳이다. 돈을 버는 결과를 만들어내야 한다. 결국 1등이 아니면 소용이 없는 시장이다. 쫓아오는 2등을 바라보며 힘을 낭비하지 않는 것이 승률을 높이는 비결이다. 특히 첫 투자에 임하는 경매 초보의 경우는 더욱 그러하다. 첫 투자가 아무리 수익이 적다고 해도 완벽한 성공을 단번에 이루는 목표를 설정하는 것이 좋다. 이 경험은 다음 투자에 엄청난 동력을 선사할 것이다.

시세 차익이 큰 물건을 낙찰받기를 원하는 것은 초보자나 고수나 똑같은 마음이다. 하지만 초보자는 고수를 이길 수 없다. 고수가 되기 위해 단단한 기초를 만드는 데 집중해야 한다. 최저가만 20년 동안 써서 단 한 건 낙찰받은 사람도 있었다. 이런 투자 방식은 시간 낭비가 심하므로 절대 따라 하지 말아야 할 것이다.

그럼 경쟁률은 어떻게 확인해야 할까? 입찰할 물건의 인근 부동산 업소에 전화를 건다. 전화를 거는 시점은 보통 입찰일보다 너무 이른 시간에 해서는 안 된다. 일주일에서 하루 전 사이에 연락해 해당 경매 물건에 대해 물어보는 사람이 많은지 확인하면 된다. 물어본 사람이 많을수록 분위기가 뜨겁다는 뜻이다. 하지만 물어본 사람이 적다고 해서 경쟁률이 낮을 거라고 생각해서는 안 된다. 낙찰가를 내리는 작업보다는 '얼마나 더 올려 써야 안전하게 낙찰받을까?'라는 고민에 적용해야 한다.

낙찰가를 내리기 위해 경쟁률을 파악하는 것이 아니라는 이야기다. 단 한 명이 들어오더라도 실거주자가 들어올 수 있다는 것을 염두에 두어야 한다. 그리되면 그들을 이길 재간은 없다. 그 부동산에 직접 살거나 사업을 해야 하는 사용자는 높은 금액으로 어떻게든 낙찰받고자 한다.

울산에 거주하는 40세 정용화 씨는 빌라 한 채를 낙찰받기 위해 시세 조사를 거듭했다. 하지만 조사가 순조롭게 이루어지지 않왔다. 경매 교육을 진행하면 제일 먼저 물건을 고르게 한다. 좋은 물건을 고르는 법은 사전 훈련을 통해 터득된다. 훈련이 끝나고 지하철역과는 한참 떨어져 있는 외진 곳의 아파트 한 채를 선정했다.

경기도 의정부에 있는 아파트(사진 9)인데 평수도 꽤 큰 편에 속했다. 전용 25평 정도이니 평형으로 계산하면 30평형대가 넘는 것이다. 입찰 전 모든 시세 조사를 마치고 경쟁률 확인에 들어갔고, 생각대로 많은 사람이 관심을 갖고 있는 것으로 조사되었다. 아무래도 아파트라는 종목은 아무리 역세권이 아니어도 사람들에게 인기가 있다. 18명이 응찰했고 정용화 씨가 낙찰을 받았다.

소재지	○○도 △△시 ◇◇◇동 209				
용도	아파트	채권자	○○○	감정가	189,000,000원
대지권	38.7595㎡(11.72평)	채무자	△△△	최저가	(70%) 132,300,000원
전용면적	84.794㎡(25.65평)	소유자	◇◇◇	보증금	(10%) 13,230,000원
사건접수	2015-04-09	매각대상	토지/건물일괄매각	청구금액	168,000,000원
입찰방법	기일입찰	배당종기일	2015-07-08	개시결정	2015-04-22

(개요)

(사진 9)

어떤 사람들은 경쟁률은 무의미하다고 말한다. 아무리 적은 수가 응찰해도 인원수보다는 가격에 의해 결정되는 것이 경매 시장이기 때문이다. 맞는 말이다. 하지만 내가 입찰하고자 하는 물건에 대해 관심도를 측정하는 일은 매우 중요하다. 해당 부동산에 대한 관심도가 얼마나 뜨거운지에 따라 금액을 조율할 수 있기 때문이다. 우리는 언제든 이길 준비를 해야 한다. 떨어져도 괜찮다는 생각은 시간 낭비다. 그런 생각은 아예 하지 않아야 한다. 경쟁률 분석으로 타격률을 조절하라.

경매로 낙찰받은 물건,
세련되게 수리하기

현명한 자라면 찾아낸 기회보다 더 많은 기회를 만들 것이다.

- 프랜시스 베이컨 -

'우두둑!'

벌써 1시간째, 거실 한복판에서 천장에 붙어 있는 몰딩을 뜯어내고 있었다. 연두색도 아니고 하늘색도 아닌 설명하기 어려운 색이다. 거실 전등을 둘러싸고 있는 이 몰딩은 꽃무늬로 가득하고 페인트칠이 여기저기 벗겨져 있었다. 게다가 두껍기까지 했다. 나는 색이나 디자인이 단순해야 좋다고 생각한다. 몰딩은 1980년대 유행하던 그대로의 생김새를 유지하고 있었다. 정도가 너무 심해 눈 뜨고는 볼 수 없어 모두 떼 내어 버렸다.

이는 내가 목동에 있는 낡은 빌라를 낙찰받아 수리하던 이야기다. 경매로 낙찰을 받게 되면 고민되는 것 중에 하나가 바로 인테리어다. 경매 시장에서는 부분적으로 하는 인테리어를 수리라고 표현한다. 전체 수리냐 아니냐에 따라 매매가 차이가 난다. 지역별로 큰 차이가 없는 곳도 존재하는데 이런 경우에는 최소한의 수리만으로 임대 계약을 체결하는 전략을 써야 할 것이다. 물건의 규모가 크고 시세가 많이 나갈수록 리모델링을 통해 얻어지는 차액도 커진다. 특히 빌딩은 리모델링을 통해 투자 대비 가치를 극대화할 수 있다.

수리는 경매 초보자에게 부담스러운 영역이다. 꽤 괜찮은 집이 경매로 나와도 연식이 오래되거나 외관과 내부 상태가 낡아 보이면 선뜻 입찰할 생각을 망설이거나 아예 쳐다보지 않게 된다. 먼저 이런 물건을 지나치지 않으려면 모양새에 너무 치중하지 않아야 한다. 아예 신경 쓰지 않는 편이 낫다. 그러나 땅은 생김새가 무척 중요하다. 잘생겨야 값어치가 있기 때문이다. 이에 반해 건물은 생김새보다 오히려 입지에 의해 가치가 달라진다. '이 물건은 낡아서 초보자가 함부로 덤비지 못하겠지? 나에게는 이번이 기회야'라고 생각해야 한다. 그리고 뼈대만 보는 연습을 하라. 수리에 대한 자신감이 커질 것이다.

나는 외관이나 내부를 볼 때 뼈대만 본다. 건물의 구조라고 표현하는데 어떤 옷을 입혀야 월세 계약이 잘될 것인지 머릿속에 그려 본다. 주방 벽에 회색 타일을 붙여 보거나 노란색 타일을 붙여 보기도 한다. 물론 상상으로 붙인다. 거실 벽도 벽지를 이 색깔 저 색깔 붙여 보고 안방이나 작은 방도 붙여 본다.

낡은 상태의 구조를 있는 그대로 보되 눈에 보이는 색깔이나 부서진 부분들을 무시하고 전체적인 골격만을 단순하게 훑어보는 것이다. 피겨 여왕 김연아 선수는 1위를 해 금메달을 목에 거는 모습을 상상하는 훈련을 매일같이 했다고 한다. 구체적인 이미지를 떠올리는 것은 잠재의식으로 하여금 목표를 실현시키게 하는 결과를 가져온다. 수리가 다 된 모습을 떠올리는 연습 역시 굉장한 도움이 된다. 어느 정도 훈련이 되면 저절로 그림이 떠오르게 된다. 빌딩의 외관이든 빌라의 내부든 이 방법은 모두 적용된다.

보통 고칠 부분이 많지 않아도 전체 수리를 하는 사람들이 있다. 같은 월세라면 당연히 전체 수리한 집의 계약이 더 잘 성사된다. 월세를 더 올려 받을 수도 있다. 그러나 돈이 없는데 자신의 성격에 못 이겨 돈을 쏟는 경우도 있다. 지저분한 것을 조금도 못 참는 성격이라면 더욱 그렇다.

욕실의 경우 벽이나 바닥에 붙어 있는 타일 사이사이에 때가 많이 묻어 있을 때가 많다. 어떤 사람들은 타일의 색깔에도 욱한다. 분홍빛을 띠거나 푸르스름한 빛깔의 타일을 두고 보지 못하는 것이다. 그래서 타일 공사를 전체적으로 하게 되는 불상사를 저지른다. 물론 노후도가 심하면 전체 수리를 하는 것이 좋다. 목동 빌라의 경우에도 그랬다. 워낙 연식이 오래되다 보니 사람이 살 수 없는 상태였다. 타일 사이에 찌든 때는 청소만 전문으로 하는 업체에 의뢰하면 쉽게 해결된다. 그것도 부담되면 직접 화장지에 락스를 흠뻑 적셔 해당 부위에 붙여 둔다. 하루 정도 묵히면 다음 날 아침 거짓말처럼 말끔해진다.

2017년 겨울, 앞서 언급한 정용화 씨가 교육을 받고 의정부에 위치한 아파트를 한 채 낙찰받았다. 이혼 소송 중인 부부의 아파트였는데 집이 오랜 기간 비어 있는 관계로 명도도 손쉽게 되었다. 그런데 내부를 살펴보니 용화 씨는 눈앞이 캄캄해졌다. 거실과 방은 가구와 집기로 널브러져 있고 옷 방에는 옷가지들이 여기저기 흩어져 있었다. 주방에서 사용하는 쿡탑은 찌든 때가 두껍게 겹쳐 있어 작동조차 되지 않았다. 베란다는 더욱 가관으로 결로가 심해 벽들이 온통 시커먼 곰팡이로 얼룩져 있었다. 안방 욕실은 그야말로 곰팡이 천국이었다. 사용하지 않고 방치된 샤워기와 세면기는 말할 수 없을 정도로 더러웠다. 도저히 수리를 어떻게 해야 할지 감이 잡히지 않아 내게 연락을 했다. 그는 떨리는 목소리로 한숨부터 내쉬었다.

“아, 이거 어떻게 해야 되요?”

“(웃으며) 그냥 하면 됩니다.”

“돈 엄청 들어갈 것 같은데요.”

“(웃으며) 아뇨, 안 들어가요.”

믿지 않는 눈치였다. 직장인이 며칠 동안 수리를 하기 위해 휴가를 내는 일은 사실상 어려운 일이다. 그래서 먼 거리에 있는 교육생들의 낙찰 물건은 내가 직접 수리를 맡아 진행했다. 교육생은 월세가 잘나가는 효과를 보고, 나는 결과물을 교육 자료로 쓸 수 있어 서로 좋은 일이었다.

낙찰을 받고 수리에 들어가기 전에 어떤 부분은 그대로 사용하고 어떤 부분은 뜯어내고 버릴 것인지 판단하는 기준을 세우면 좋다. 첫 번째는 벽지와 바닥재가 쓸 만한지 확인한다. 심하게 찢기지 않았다면 굳이 돈을 들여 바꿀 필요가 없다. 벽지는 벽과 천장의 오염도를 본다. 대부분 벽이 오염되어 있고 천장은 멀쩡할 때가 많다. 천장에 도배를 하는 양만 줄여도 절약할 수 있다.

방은 문을 열었을 때 바로 보이는 포인트가 되는 부분에 컬러 벽지를 사용하면 효과적이다. 좁은 평수일수록 밝은 색으로 수리해야 넓게 보이는 효과가 있다. 문과 몰딩의 컬러도 기존 색깔이 어둡다면 화이트로 바꾸는 것이 효과적이다. 물론 몰딩 색을 바꾸는 것은 인건비가 많이 들어간다. 못 봐 줄 만한 색이 아니라면 넘어가는 것이 좋다.

수리를 하기 전에 중요한 것은 바로 업체 선정이다. 자신이 직접 수리를 하는 것도 괜찮지만 투자를 지속하면서 매번 직접 수리를 하는 것은 추천하지 않는다. 수리할 시간에 더 좋은 물건을 찾아보는 데 시간을 쓰라는 뜻이다. 수리를 하기 위해서는 몇몇 인테리어 업체에 견적을 의뢰해야 한다. 일반인들은 인테리어 견적을 받을 때 금액이 천차만별이라 어떤 업체를 선정해야 할지 몰라 난감해한다. 여기서 단 한 가지만 알면 절대 어렵지 않다. 우선 해당 물건이 위치한 지역의 인테리어 업체를 3군데 찾고 시간 간격을 두고 한 업체씩 미팅을 한다. 이때 일반인들이 실수하는 부분은 그저 평당 얼마에 가능한지만 묻는다는 것이다.

"이 정도면 얼마에 가능해요?"

밑도 끝도 없이 이렇게 묻지 말아야 한다. 업체에서는 "지금은 모르고 견적이 어느 정도 나와 봐야 알겠습니다."라고 답할 수밖에 없다. 이렇게 견적을 받게 되면 업체별로 수리할 범위를 모두 다르게 적용하기 때문에 수리비의 편차가 크게 된다.

의뢰하는 쪽에서 기준을 정해서 주어야 한다. 그 기준은 바로 이 집을 사용하는 사람 입장에서 잡아야 한다. 특히 월세 계약이 잘되는 수리를 하면 좋다. 보통은 집을 구하는 사람이 여성인데 특히 주부라면 주방과 욕실을 눈여겨본다. 주방의 경우 싱크대를 교체할지 부분 수리만 할지 정해 주고, 욕실의 경우 타일을 교체할지 안 할지 또는 세면기나 양변기는 그대로 사용할지 안 할지 등 구체적인 범위를 지정해 주면 되는 것이다.

수리 리스트를 작성해 일괄적으로 업체에 주는 것도 좋은 방법이다. 이렇게 구체적으로 각 부위별로 지정해 주면 견적의 편차는 줄어든다. 그럼 어떤 업체가 경비나 회사 수익을 많이 넣었는지, 재료는 어떤 것을 써서 더 비싸다든지 하는 내용을 한눈에 파악할 수 있다.

한참 노후화된 빌라를 낙찰받았다면 천장에서 물이 새는 경우를 만나게 된다. 방수는 돈을 아껴서는 안 되는 영역이다. 가장 중요한 것은 원인 진단이다. 꼭대기층의 경우 옥상 방수가 원인이 되지만, 나머지 층들은 원인을 파악하기 힘들 때가 많다. 먼저 원인을 찾아낼 수 있는 업체를 불러 정확한 진원지를 파악해 방수를 하는 것이 좋다. 그렇지 않으면 반복적으로 시간과 돈이 낭비된다.

최근에는 옥상에 파이프를 이용해 배수구를 만들어 주는 작업이 효과적인 경우도 있다. 빗물의 흐름을 옥상 바닥에 머물지 않게 해 외부로 빼내는 것이다. 물이 샌다면 원인을 정확히 파악해 단 한 번에 완벽히 수리해야 한다. 방습지를 사용해 단열을 간단히 해결하는 방법이나 시트지를 이용해 오래된 문짝을 새것처럼 보이게 하는 방법 등 다양하고 쉬운 방법들이 존재한다. 많이 생각하고 여러 각도로 호기심을 갖다 보면 수리하는 일은 투자에 있어서 스트레스가 될 수 없다.

임대 계약이 체결되고 계약 기간 중 세입자의 수리 요청을 부담스러워하는 사람들이 있다. 나 대신 수리할 부분을 미리 알려주니 고맙게 여겨야 한다. 귀찮게 여기기 시작하면 투자의 지속성이 현저히 떨어지게 되는 원인이 된다. 나는 직접 가지 않고 전화로 모든 것을 해결하는 편이다. 거실 조명을 통째로 바꿔야 한다면 인근 조명 가게에 전화를 한다. 적당한 가격대의 조명을 추천받아 설치까지 맡긴다. 설치가 끝나는 대로 사진을 찍어 영수증과 함께 보내 달라고 하고 계좌로 수리비를 입금한다. 그러면 끝이다. 이렇게 하면 전국 어떤 경매 물건이라도 낙찰받아 관리하는 것은 어렵지 않다.

수리는 최소한 불편함이 없는 선에서 돈을 들이면 된다. 집을 계약하러 온 사람이 계약하고 싶은 마음이 들도록 벽지 색깔을 선정하는 것도 중요하다. 같은 값이면 다홍치마이지 않은가? 같은 비용으로 어떻게 더 멋스럽게 포장하느냐가 계약을 앞당기는 방법이 될 것이다.

빨리 계약이 되는
전월세 임대 전략

네가 가지고 있는 최선의 것을 세상에 줘라.
그러면 최선의 것이 돌아오리라.

– M.A. 베레 –

"쿵쿵쿵, 아휴 냄새!"

"곰팡이 때문에 계약이 안 돼요."

퀴퀴한 냄새가 코끝을 찌른다. 지하에 반 이상 묻힌 낡은 빌라 이야기다. 혼자서 경매 투자를 해 온 교육생이 혼자 지하층 빌라를 낙찰받고 임대가 잘되지 않아 고민 끝에 상담을 요청해 왔다. 함께 현장을 방문했더니 산을 등지고 있어 통풍이 되지 않는 데다 곰팡이가 많이 생긴 상태였다. 현관문을 열고 선풍기를 틀어 놓긴 했지만 냄새가 빠지지 않았다. 이럴 때는 어떻게 해야 할까? 돈을 들여

도배를 새로 해도 얼마 가지 않아 다시 곰팡이가 필 것이다. 여간 골치 아픈 일이 아니다. 이럴 경우에는 스티로폼을 이용해 단열벽체를 만든 후 벽을 만들어 도배를 해야 한다. 하지만 지하는 원래 습하기 때문에 시간이 지나면 곰팡이는 다시 생길 것이다. 어쨌든 이 작업은 돈이 많이 들어가기 때문에 부담으로 작용한다.

집을 보러 온 사람에게 첫인상을 좋게 해 두면 계약 확률이 높아진다. 첫인상을 좋게 하려면 지하층이든 아니든 수리 후 방향제를 구입해 보라. 현관 신발장 구석에 살짝 놓아두면 효과적이다. 현관문을 여는 순간 곰팡이 냄새보다 방향제 냄새가 후각을 자극한다. 사실 지하층의 가장 큰 문제는 냄새다. 곰팡이를 제거해도 습한 냄새는 어느 정도 배어 있기 때문에 좋지 않은 인상을 남긴다. 방향제는 이런 부분을 해결해 준다. 실제 이런 방법으로 두 달 동안 계약이 안 되던 빌라가 일주일 만에 계약이 성사되기도 했다. 모든 일에는 최선을 다하는 노력이 필요하다. 단점이 있다고 생각되면 그 단점을 이길 수 있는 방법을 찾아 최대한 노력하고 기다리면 된다.

1998년식 빌라(사진 10, 11) 한 채를 낙찰받았다. 전용 11평쯤 되는 면적으로 선순위 전세권자가 경매를 신청한 사건이었다. 쉽게 명도가 되고 애초에 이삿짐을 미리 옮겨 놓은 상태라 이사 비용이 전혀 들지 않는 착한 물건이었다. 문제는 많이 낡아서 수리가 필요했다. 입찰 전 항상 확인하는 것이 있는데 그것은 수요층이다. 혼자 살거나 자매가 사는 경우가 많다. 그들의 취향에 맞게 인테리어를 했다.

주변에 부동산을 갖고 있는 소유자들의 연령대는 높다. 대부분 수리에 돈을 많이 아끼는 데다 색상을 고르는 안목도 부족하다. 그러니 내가 하는 인테리어와 비교가 안 되었다. 보증금 2,000만

소재지			○○도 △△시 ◇◇동 21-9		
용도	다세대(빌라)	채권자	○○○	감정가	109,000,000원
대지권	18.56㎡(5.61평)	채무자	△△△	최저가	(64%) 69,760,000원
전용면적	34.56㎡(10.45평)	소유자	◇◇◇	보증금	(10%) 6,976,000원
사건접수	2014-03-06	매각대상	토지/건물일괄매각	청구금액	65,000,000원
입찰방법	기일입찰	배당 종기일	2014-05-20	개시결정	2014-03-07

(개요)

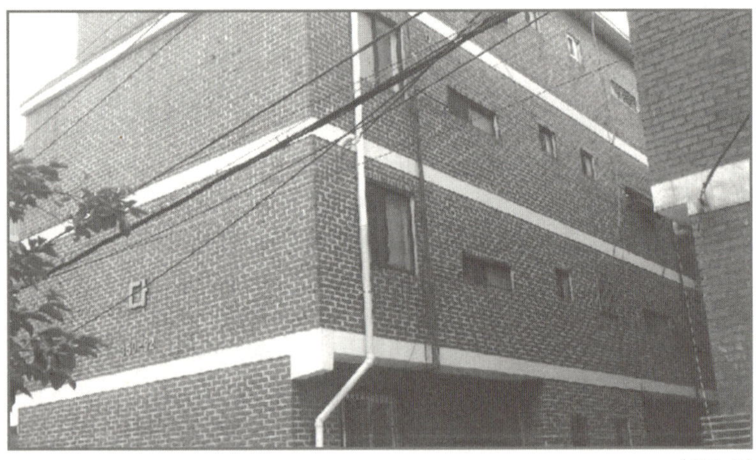

(사진 10)

(사진 11)

원에 월세 45만 원을 받고 계약이 완료되었다.

수리를 제법 잘했지만 월세 수준은 인근 매물과 같게 내놓은 것이 주요했다. 사람들은 같은 값이면 당연히 깨끗하고 예쁜 집을 선호한다. 같은 금액이라면 조금만 신경 써도 임대나 매매 시 우위를 점할 수 있다. 다른 큰 문제가 없다면 벽지의 색상만 잘 선정해도 계약은 잘된다. 바탕이 되는 벽지의 색상은 흰색으로 하고 포인트가 되는 벽면 한쪽은 연두색이나 기타 밝은 색상으로 붙이는 방법을 고민해 보라.

"아, 큰일 났어요!"

낙찰받은 아파트 내부를 보고 용화 씨가 나에게 한 이야기다. 집 안은 온통 잡동사니로 어지럽혀져 있고 옷가지들은 널려 있었다. 2년 정도 된 욕실은 그야말로 찌든 때로 비명을 지르게 만들었다. 싱크대의 가스레인지 기름때는 겹겹이 쌓여 있었고, 작동조차 되지 않았다. 앞뒤 베란다는 결로로 인해 곰팡이 천국이었다. 하지만 이런 경우가 훨씬 수리하기 쉽다. 왜냐하면 모두 찌든 때이기 때문이다. 청소를 하면 모두 해결되는 것이다. 손을 조금 봐야 할 전등이나 도배와 장판은 기본적인 수준으로 교체하면 된다. 면적이 넓을 때에는 각 방별로 벽지 선택을 잘하는 것이 좋다.

안방은 편안하고 잔잔한 무늬가 있는 따뜻한 색상 위주로 해야 한다. 작은 방은 포인트가 될 만한 인상 깊은 색상의 벽지를 선택하는 것이 좋다. 곰팡이가 있는 베란다 벽은 탄성코트라는 페인트로 마무리하면 된다. 결로를 유발하는 창문 틀 사이는 실리콘으로 처리하면 큰 수리는 끝난다. 이렇게 수리 후 두 달여 만에 임대 계약을 체결했다.

김은혜 씨는 연희동에 있는 빌라를 낙찰받고 명도를 끝내자마자 수리에 들어갔다. 수리할 때 내가 가장 먼저 보는 것은 주방에 있는 싱크대다. 문짝만 바꿔야 할지 통째로 바꿔야 할지 판단하는 것이다. 문짝만 바꾼다면 색상은 흰색으로 하고 손잡이는 되도록 작은 크기의 검정색을 사용한다. 색상을 매치시킬 때에는 집을 보러 오는 사람들의 눈에 확 띄게 하는 것이 가장 중요하다. 신발장도 마찬가지다. 욕실은 의외로 깨끗해 손대지 않았다. 이 빌라는 수리가 끝나고 무려 3일 만에 임대 계약이 성사되었다.

경매로 낙찰을 받고 나서 가장 고민하는 부분은 인테리어 견적을 받는 일이다. 일반 인테리어를 할 때에도 소비자들은 어떤 기준으로 어떻게 가격이 책정되는지 도무지 알아 낼 길이 없다. 어떤 업체는 견적이 3,000만 원이 나오고 어떤 업체는 5,000만 원이 넘을 때도 있다. 기준이 무엇인지도 모르고 바가지를 쓰는 것은 아닌지 내심 불안해한다.

똑같은 집을 인테리어하는데도 왜 업자마다 가격이 다를까? 앞서 언급했던 시세 조사 방법을 생각해 보자. 인테리어를 할 범위를 제대로 지정해 주면 가격 비교가 훨씬 쉬워진다.

"문은 그대로 사용하니 수리 안 하셔도 됩니다."
"욕실은 거울만 바꿔 주세요."
"도배와 장판 교체는 모두 해 주세요."
"전등은 전구만 바꿔 주세요."
"창문은 그대로 사용하니 견적에서 제외해 주세요."

이렇게 구체적으로 하나하나 설명해야 한다. 그렇지 않으면 업자 나름대로의 기준을 가지고 공사의 범위를 정한다. 업체별로 견적을 받으면 부분별로 가격 비교가 가능해진다. 가격 차이가 나는 부분이 재료의 질 때문인지 면적 때문인지 곧바로 알 수 있다. 월세 계약을 되도록 빨리 성사시키려면 입찰 전부터 전략을 세워야 한다. 단추 하나를 잘 끼우면 나머지는 알아서 잘 끼워지기 때문이다. 다음은 임대 계약을 빨리 이끌어 낼 수 있는 4가지 원칙이다.

첫째, 타깃을 설정하라.

낙찰을 받기 전에 내가 입찰할 물건의 수요층을 파악한다. 내 집에 살 사람들의 연령층을 조사하라. 혼자 사는 사람이 많은지 부부나 아이가 있는 가족 단위가 많이 거주하는지 확인한다. 물론 부동산의 사용 면적과도 연관 지어야 한다.

둘째, 욕구를 자극하는 포장을 하라.

젊은 층이라면 모던한 스타일로 꾸미고 가족 단위라면 방별로 구성원에 맞는 색상을 선택하라. 특히 기능적인 부분도 놓치면 안 된다. 색상이 예쁘다고 아무 벽지나 사용하면 금방 때가 탄다. 만져서 질감이 느껴지는 벽지를 선택해야 손때가 덜 타고 때가 타더라도 눈에 거슬릴 정도로 지저분해 보이지 않는다.

셋째, 수리된 내부를 얼짱 각도로 찍어라.

수리를 마쳤으면 예뻐 보이는 각도로 사진을 찍는다. 좁은 곳일수록 넓어 보이게 찍어야 한다. 싱크대 하나를 찍더라도 주방을 멀리서 바라보며 거실이 함께 보이도록 찍는 것이 좋다. 가령 안방을 찍는다고 가정하면 문을 열어 놓고 전등이 켜져 있는 상태가 좋다. 여기서 중요한 것은 포인트 색상의 벽지가 일부 보이도록 의도적으로 찍어야 한다. 한 가지 덧붙이자면 비딱하게 좌우로 기울어지게 찍지 않도록 주의하자.

넷째, 그물을 넓게 펼쳐라.

상품을 보여 줄 준비를 마쳤다면 이제 홍보만 남았다. 아무리 좋은 상품도 가격이 얼마이고 어디에 있는 물건인지 어떻게 생겼는지 모른다면 팔리지 않는다. 대부분 내가 아는 부동산 업소나 해당 물건 인근에 있는 부동산 업소 한 군데에 임대를 내놓는다. 그러고는 계약이 되기만을 손꼽아 기다리며 노심초사한다. 되도록 많은 부동산 업소에 물건을 내놓아야 한다. 잘 나온 사진 몇 장을 선택해 부동산 업소의 사장에게 문자를 보내라. 보증금과 월세를 기재하고 주소와 키 번호를 상세히 적어 보낸 뒤 자주 통화하라. 나를 각인시키면 내 물건을 쉽게 기억한다.

버스를 기다리다 보면 생각만큼 오지 않을 때가 많다. 버스가 오는 쪽을 바라보며 언제 오는지만 기다리면 더 지루해진다. 반대로 버스를 기다리는 동안 친구와 수다를 떨다 보면 버스는 어느

새 도착해 있다. 시간 가는 줄 모르는 것이다. 너무 조급할 필요
가 없다는 뜻이다. 최선을 다했다면 잘한 것이다. 차분히 기다리
며 월세받을 통장만 준비해 두면 된다.

단점을 장점으로 만드는
상가 임대 기법

상처 입은 조개가 진주를 만든다.

– 윌리엄 포크너 –

외부 강연에서 인연이 된 참석자 한 분이 연락도 없이 찾아왔다. 그는 수년 전 10억 원짜리 상가를 분양받았는데 지금 시세가 6억 원 대까지 떨어져 있었다.

"대표님, 근처에 왔는데 커피 한잔할 시간 있으세요?"

"네, 금방 나가야 하니 길게는 말씀 못 나눕니다."

"알았어요."

"무슨 일이시죠?"

"경매로 5억 원짜리 상가 괜찮은 거 나오면 알려 주세요."

"생각하고 계신 조건이 있나요?"

"꼭 역세권이어야 하고 높은 건 싫어요."

급하게 대화를 나누고 사무실을 나왔다. 앞서 대화 내용을 다시 살펴보면 꼭 역세권이어야 하고 높은 층은 싫다는 조건이 있었다. 많은 일반인들뿐만 아니라, 전문가들조차도 역세권을 주장한다. 교통이 편리하고 상가는 1층이어야 한다. 이런 요건을 갖추어야 가장 안정적인 수익이 확보되기 때문일 것이다. 그러나 내가 투자한 상가(사진 12)는 역세권도 아니고 시내 중심가도 아니다. 상권이 활성화되어 있다고 보기 어려울 만큼 교통도 불편하다. 게다가 수도권도 아닌 지방에 위치한다. 저층도 아닌 4층이다.

아래와 같은 사례를 한번 살펴보자. 나는 3년 전 공매로 취득한 상가를 월세로 내놓기 위해 인근 부동산 업소에 전화를 걸었다.

"여보세요, 거기 부동산이죠?"

"네, 무슨 일이세요."

"상가 좀 내놓으려고 합니다."

"주소와 평수 말씀해 주세요"

"전용 47평에 4층입니다."

"임대료는요?"

"보증금 2,000만 원에 월세 120만 원 정도로 내놓을까 합니다."

"사장님 여기는 역세권도 아니고 중심가가 아니라 그 가격은 어려워요."

"그래요? 공실이 많지 않던데 잘 안 나가나 봐요?"

"그렇죠, 더구나 2층이 그 가격인데 4층은 힘들다고 봐야죠."

(사진 12)

공인중개사의 말을 들어 보면 상가를 내놓는 입장에서는 당연히 임대료를 내리고 싶을 것이다. 공실이 길어지면 관리비에 대출 이자가 목을 조여 올 테니까 말이다. 실제로 이 물건으로 힘든 시기를 보냈다. 1년이 다 되도록 통장에서 꼬박꼬박 100여 만 원이 빠져 나가고 있었다. 이 상가는 애초에 관리 상태가 엉망이었다.

3년 정도 빈 채로 방치되어 있었고 관리소장은 관리상의 이유를 들어 쇠사슬을 이용해 4층으로 가는 모든 통로의 문을 닫아 놓았다. 한마디로 죽은 상가였던 것이다. 나는 어떻게 살릴 것인가를 두고 고민에 빠졌다.

우선 그 지역의 임대 수요를 파악하면서 그동안 현수막을 보고 연락이 왔던 사례들도 되짚어 보았다. 소형 평수를 찾는 문의 전화가 많았다. 사업을 막 시작하거나 크지 않은 규모의 사무실을 사용하려는 사람들이었다. 곧바로 면적을 두 개로 나누는 작업에 착수했다.

도로 전면에 위치한 공간은 25평으로 만들고 후면에 위치한 공간은 22평으로 만들었다. 면적을 나누자마자 얼마 되지 않아 유통 회사와 임대 계약이 체결되었다. 작은 평수도 한 달 뒤 설비 회사를 운영하는 작은 기업체와 계약을 맺게 되었다.

25평의 임대료는 보증금 1,000만 원에 월 100만 원을 받았고 작은 평수의 임대료는 보증금 1,000만 원에 월 60만 원을 받았다. 전체 보증금은 총 2,000만 원에 월 160만 원을 받게 된 것이다. 45만 원의 대출 이자를 제외하면 연 1,400여만 원의 수익이 발생되는 셈이다. 실제 투입된 금액은 2,000만 원 정도였다.

이 상가는 현재까지 효자 노릇을 톡톡히 하고 있다. 대부분 경매 초보자는 3년 동안 죽어 있는 상가가 눈앞에 있다면 아무리 싸다고 해도 투자하기를 머뭇거린다. 공실에 대한 고민이 가장 클

것이다. 그냥 보기에도 불편한 지리적 여건이나 층, 역세권을 벗어
난 점 등 눈에 거슬리는 점이 한두 가지가 아니기 때문이다. 하지
만 거꾸로 생각해 봐야 한다. 오히려 이런 물건이 경매로 나온다
면 경쟁률은 떨어질 것이고 낙찰가는 낮아진다. 당연히 실투자금
이 적어지므로 가성비는 높아진다. 초보자는 여기까지 생각하지
않는다. 당장 눈에 보이는 부분에만 매달린다.

28세 전미란 씨는 교육을 받으며 성남 수진역 1분 거리에 위
치한 전용 37평 상가를 낙찰받았다. 역세권이지만 상권이 죽어
있었다. 모텔 밀집 지역이고 3층부터는 오피스텔로 구성되어 있었
다. 임대가 될까 싶을 정도로 주변 환경은 좋지 않았다.

미용실로 사용하던 상가인데 2년 동안 공실로 방치되어 있었
고, 내부는 미용 설비들로 가득 차 있었다. 영업을 했던 상가의 경
우 시설들이 방치되어 있는 경우가 많다. 단란주점이나 노래방 같
은 상가는 철거비가 만만치 않게 들어간다. 이는 초보자들이 입
찰에 부담을 느끼는 요소 중 하나다.

이 상가는 장방형으로 길게 뻗은 구조로 도로 쪽을 향해 전
면 유리가 붙어 있다. 한쪽 구석에는 탈의실이 조성되어 있어 답
답함이 느껴졌다. 탈의실을 철거하고 커다란 사각 기둥에 붙어 있
는 투박하고 어두운 톤의 장식 몰딩을 모두 제거했다.

높낮이 차이가 나는 일부 바닥도 철거하고 불필요한 가구들도

모두 버렸다. 답답함을 유발하는 구조물은 모두 제거하고 기본적인 수리 작업을 진행한 것이다. 수리가 끝나고 임대를 내놓았다. 불과 2개월 만에 미용실로 사용하겠다는 임차인과 계약이 성사되었다. 당시 불경기였던 점을 감안하면 예상치 못한 성과였다.

어떤 사람들은 상가 투자에 회의적이다. 공실에 대한 두려움 때문에 선뜻 투자를 꺼리게 되는 것이다. 하지만 경매 시장에서는 다르게 생각해야 한다. 사전에 공실 가능성에 대한 조사가 이루어지고 과거의 데이터를 토대로 분석이 이루어진다. 모든 가능성이 조사된 이후 입찰을 결정하기 때문에 생각보다 두려워할 이유가 많지 않다. 걱정해야 할 부분은 바로 자신의 조사력이다. 질문하고 자료를 수집하고 분석한 후 정확히 판단할 줄 아는 능력을 키우는 것이 중요하다. 단지 예측만으로 투자하는 자세는 버려야 한다.

경매에서 상가 투자가 단점이 있다고 생각되면 더욱 관심을 갖는 것이 좋다. 내가 보기에도 좋은 조건을 갖춘 부동산은 다른 사람들 역시 관심이 많기 때문이다. 역세권이 아니라고 해서 불평할 필요는 없다. 역세권과 떨어져 있지만 수익을 내는 상가는 존재한다.

일반 매매 시장에서는 미래를 예측하는 투자가 핵심이지만 경매 시장에서는 이미 만들어진 상권이 얼마나 활성화되어 있는지 파악하는 것이 중요하다. 공실은 얼마나 되었으며 임대료 수준은 얼마인지 유동 인구의 흐름은 견고한지 등 다각도로 조사해야 한다. 층이 너무 높아 임대가 되지 않을까봐 고민할지 모르나 입찰 전에 수요를 확인하는 작업을 거치면 염려하지 않아도 된다.

경매 투자는 이기고 시작해야 안정적으로 돈을 벌 수 있다. 과거 사례들이 많은데 모두 무시하고 미래만 기대하는 태도는 경매 시장에서 바람직하지 않다. 평수가 커서 임대가 잘되지 않는다면 수요에 맞는 면적을 파악해 둘로 나누는 작업을 생각할 수 있다. 오히려 더 나은 수익률을 가져다주기도 한다. 남이 안 좋게 말하는 단점에 대해 동요하기 전에 어떻게 장점으로 바꿀 것인지에 대한 방법을 먼저 고민하라. 그 단점이 돈을 벌어 준다.

항상 단점을 어떻게 효과적으로 이용할 것인지를 생각하라. 초보자가 단점을 극복하는 방법을 터득한다면 낙찰 확률에서도 유리한 고지를 점령하게 된다. 물론 터득하기 쉬운 것은 아니지만 머릿속으로 여러 가지 상황을 구상해 보면서 이미지를 시각화하는 훈련을 하면 요령이 생긴다. 생각보다 길지 않은 시간에 그림이 그려진다. 단점이 많은 물건일수록 경쟁률은 떨어진다는 것을 이해하라. 남들과 다르게 생각해야 돈을 번다. 덧붙이자면 단점을 금전적으로 최소화시킬 수 있는 방법을 고안하라. 매우 성공적인 투자가 되리라 확신한다.

이기는 명도의 기술

"똑똑똑, 계세요?"

"누구세요?"

"저, 낙찰받은 사람입니다."

"네."

"에휴, 저 못하겠어요."

가상으로 명도를 진행하는 수업 때 오갔던 대화 내용이다. 명도 수업 시간에는 경매로 집을 잃어버린 소유자를 상대로 명도를 진행하는 상황극을 연출한다.

　낙찰자 역할은 50대 여성이 맡았고 명도 대상자인 이전 소유자는 40대 남성이 맡았다. 대화를 시작하자마자 낙찰자 역할을 맡은 여성이 눈물을 훔치며 더 이상 못하겠다고 하소연을 했다. '상황극일 뿐인데 왜 눈물까지 흘릴까?'라는 생각으로 이 광경을 지켜보던 다른 수강생들은 고개를 갸우뚱거렸다.

　다시 마음을 가다듬고 시도했다. 눈물을 글썽이며 대화는 이어졌고 얼마 되지 않아 명도 대상자 역할을 하던 수강생에게 이사 일정을 잡겠다는 약속을 받아냈다. 낙찰자 역할을 한 이 수강생은 왜 눈물을 보였을까? 눈물을 흘린 사연은 이랬다.

　20년 전 집이 경매로 넘어간 사연이 있었던 것이다. 남편과 함께한 사업체도 IMF 시기에 무너지고 재산을 모두 잃었던 것이다. 집과 사업체 모두 경매로 넘어가 큰 시련을 겪었던 지난 과거들이 떠올랐던 것이다. 그렇다면 이 수강생은 큰 전투를 치르지 않고도 어떻게 명도를 쉽게 이끌어 냈을까? 명도 대상자를 만나 수강생이 건넨 첫 이야기는 앞으로 진행될 협상에서 중요한 역할을 했다.

　"얼마나 상심이 크셨어요. 많이 놀라셨죠?"

　이 두 마디로 공격 태세를 갖추고 있던 명도 대상자는 무장해제되었던 것이다. 명도 대상자 역할을 맡은 수강생은 자연스럽게 사정을 장황하게 늘어놓기 시작했다. 이사를 하기 위해 필요한 시간과 이사 비용에 대한 자신의 생각을 말했다. 여기서 중요한 것은 먼저 상대방의 마음을 열고 대화를 시작했다는 점이다. 우리는 직장에서 상사에게 스트레스받은 일을 친구와 수다로 푼다. 설사 친구에게 잘못이 있더라도 함께 맞장구를 쳐 주면 스트레스가 풀리는 것을 경험한 적이 있을 것이다.

"맞아, 네 말이 맞지. 넌 잘못한 거 없어!"

명도 대상자와 대화에 임할 때에도 같은 이치다. 공감하고 이해해 주는 마음으로 협상을 시도하는 것이 좋다. 하지만 다짜고짜 험한 말을 하거나 바람직하지 못한 말투가 날아온다면 굳이 공감할 이유는 없다. 명도의 상황은 여러 가지가 있지만 가장 기본적인 두 가지만 살펴보자.

첫째, 살던 사람이 소유자라면 돈을 구할 시간과 이사 갈 집을 구할 시간을 달라고 하는 경우가 대부분이다. 이런 경우에는 현재의 사정을 듣고 이사 갈 수 있는 여유 시간을 주어야 한다. 대략 두 달 정도를 주는데 주의할 점은 처음부터 나가라는 식의 강압적인 말투는 피해야 한다. 상대방 또한 당연히 집을 비워야 한다는 사실을 알고 있기 때문이다. 협상에 꼭 필요한 것만 고민하면 될 것이다. 짐을 옮길 수 있는 이사 비용과 집을 구할 수 있는 보증금, 그리고 날짜 이 3가지 요건을 가지고 대화를 풀어야 한다. 조급한 마음을 내려놓는 것이 가장 중요하다.

둘째, 임차인이 보증금을 배당받고 낙찰자가 오기만을 기다리는 경우다. 이런 경우에는 아주 쉽다. 잃어버린 돈이 전혀 없을 뿐더러 재계약까지 이끌어 낼 수 있는 가장 좋은 사례이기 때문이다. 임차인 입장에서는 이사할 고민을 하지 않아도 되고 낙찰자 입장에서는 공실 걱정이 사라진다. 다만 권리에 대한 세부적인 경우의 수가 있지만 여기서는 생략한다.

임차인이 보증금을 법원에서 배당받기 위해서는 낙찰자의 인감증명서와 명도 확인서가 필요하다. 이 사실을 잘 알고 있는 임차인이 있고 모르는 임차인도 있다. 모를 경우에는 차근차근 설명을 해 주고 협상에 임하면 될 것이다.

수강생의 컨설팅 의뢰를 받고 인천 남동구에 있는 빌라(사진 13)를 낙찰받을 때의 일이다. 해당 빌라에 살고 있는 명도 대상자는 폐지를 주워 생활하고 있는 할머니였다. 직접 찾아가 보니 빌라 뒤편에는 온갖 폐지와 잡동사니가 사방으로 빼곡히 쌓여 있었다. 오랫동안 일해 장만한 집 한 채 외에는 갈 곳 하나 없는 분이었다. 자초지종을 들어 보니 함께 살고 있는 아들이 사업을 하다 잘못되어 집이 경매로 넘어간 것이었다.

　할머니를 아는 인근 주민들은 우리 회사 직원에게 연락해 낙찰을 취소해 달라고 요청하기도 했다. 하지만 낙찰받지 않으면 다음 번에 또 다른 사람이 받아갈 것이라는 생각이 들어 잔금을 치르기로 했다. 수강생은 그 집 아들에게 일자리를 알아봐 주고 동사무소에서 전세대출을 활용할 수 있도록 도움을 주기도 했다. 결국 할머니는 대출을 이용해 저렴한 빌라를 매입해 이사를 갔고 수강생은

소재지	○○도 △△시 ◇◇◇동 237				
용도	다세대(빌라)	채권자	○○○	감정가	120,000,000원
대지권	32.05㎡(9.7평)	채무자	△△△	최저가	(70%) 84,000,000원
전용면적	59.44㎡(17.98평)	소유자	◇◇◇	보증금	(10%) 8,400,000원
사건접수	2016-04-05	매각대상	토지/건물일괄매각	청구금액	32,000,000원
입찰방법	기일입찰	배당종기일	2016-06-27	개시결정	2016-04-06

(개요)

(사진 13)

딸과 함께 낙찰받은 빌라로 순조롭게 집을 옮길 수 있었다.

한 번은 혼자서 명도를 해 보겠다며 두 달 동안 끙끙대던 수강생이 있었다. 낙찰을 받은 지 한참이 지났지만 명도가 진행되었다는 소식이 전혀 없었다. 결국 나에게 도움을 요청했다.

명도 대상자와 처음 주고받은 내용을 정리해서 보내라고 했다. 내용을 보니 이전에 가르쳐 주었던 대화 방식이 전혀 아니었다. 서로 원하는 것만 주장하고 있었다. 당연히 협상이 잘 진행될 리 없었다.

거기다 조급한 나머지 연락도 자주 한 편에 속했다. 마음을 가다듬을 필요가 있어 보였다. 명도 대상자는 이사 갈 집을 알아볼 시간이 부족하다며 날짜를 더 달라고 했고 실제 거짓말이 아니라는 것을 알 수 있었다. 그래서 원하는 날짜를 주겠다는 문자를 보내고 더 이상 연락을 하지 말고 기다리라고 지시했다. 결국 일주일 후 이사 날짜가 잡혔다는 연락이 왔고 아무 문제 없이 명도가 완료되었다.

명도가 무엇인지 경매에 대해 관심이 없는 사람은 알지 못한다. 공부를 하고 있는 경매 초보자의 경우에는 겁부터 먹는다. 국가가 경매 사업을 하는 이유를 잘 따져보면 쉽다. 국가는 부동산을 팔면서 이를 구매하는 사람에게 옵션을 준다. 구매한 부동산에 누군가 살고 있다면 그 사람을 법적으로 내보낼 수 있는 제도적 장치를 마련해 놓았다. 안심하고 구매하라는 뜻이다. 이 장치를 인도명령제도라고 한다.

자신이 직접 잔금을 납부하고 소유권을 이전하는 절차를 진행하는 것이 아니라면 법무사가 대행해 주는 과정에서 신청이 가능하다. 인도명령제도는 협상이 제대로 진행되지 않아 차질이 생기는 경우 강제 집행을 신청할 수 있는 요건이 된다. 명도가 두려워 경매 투자를 꺼릴 필요는 없다. 간단히 말해 부동산에서 나가야 하는 사람은 이사 갈 시간적 여유와 이삿짐을 옮길 돈이 필요하다는 것을 알고 있으면 된다.

협상하는 과정에서 무시하거나 압박하기보다는 상대방의 입장에서 충분히 고려하는 대화법을 적절히 구사하는 것이 이기는 명도의 기술이다. 사실 처음에 쉽게 풀릴 일을 어렵게 만드는 원인은 바로 말투에서 비롯된다. 자신의 말투 등이 어떤지 스스로 녹음을 해서 들어 볼 필요가 있을 것이다.

많은 사람들이 경매를 시작할 때 명도를 진행하기도 전에 어려움을 이야기한다. 하지만 모든 일은 사람과 사람 사이에서 일어나고 해결된다. 무작정 법대로 하기보다 어떤 생각을 가지고 어떻게 대화하는 것이 현명한지 고민하는 시간을 가져야 할 것이다. 그 과정은 어렵지 않다. 기본적인 경우라면 상대방의 입장에서 생각해 보면 답이 나온다. 누구도 처음부터 잘할 수는 없는 것이니 막연하게 느껴진다면 나에게 연락해 보라.(휴대전화 010.5196.5139)

경제적인 부분과 시간적인 부분이 협상의 열쇠임을 명심해야 한다. 협상하는 과정에서 적재적소의 단어와 지식을 버무려 사용하는 법을 터득한다면 명도는 결코 어렵지 않을 것이다.

PART 5

부동산
경매가
답이다

이기는 경매 기술은 따로 있다

국내외 기업과 외부 강연 활동을 하면 종종 이런 질문을 받는다.

"강사님 강의는 아주 쉽게 이해가 됩니다. 금방이라도 할 수 있을 것 같은 자신감이 생깁니다. 좋은 수업, 정말 감사합니다."

"사업에 실패해 가게를 정리하는 중입니다. 직장을 구하는 동안 경매 투자를 하고 싶은데 적은 돈으로도 가능할까요?"

"지금 2년째 혼자 공부하고 있는데 법률 용어들이 너무 어렵습니다. 어떻게 하면 경매를 잘할 수 있는지 비결 좀 알려 주세요."

이런 질문들은 나에게 새로운 분야에 도전하도록 동기부여가 되었다. 지금 내가 부동산 경매를 교육하게 된 원동력이 된 것이다. 경매를 잘하는 비결을 묻는 사람들에게 책을 100번 읽는 것보다 한 번 입찰을 해 보라고 권하면 "조금 더 공부하고 나서요."라며 도망치듯 사라진다. 그럴 때마다 안타깝다. 이를 계기로 이론에만 그치지 않고 쉽고 바로 써먹을 수 있는 실전 투자 노하우를 사람들에게 전하고 싶은 비전을 품게 되었다.

나는 빠듯한 직장 월급으로 목돈이 없었기 때문에 일반 부동산 매매 시장보다는 경매 시장에 발을 내딛게 되었다. 빌라와 아파트, 상가를 가리지 않고 꾸준히 낙찰을 받기 시작했다. 서울을 시작으로 부천, 오산, 남양주 등 종목과 지역을 가리지 않고 다양하게 투자했다. 일단 교육 사업을 시작하면 내가 직접 경험하고 깨달은 지식들을 고스란히 전달해 주리라 마음먹었다.

현재 경매 강사로 활동하는 분들이 많다. 실제 소유하고 있는 부동산은 없고 돈을 벌 생각만으로 이론만 가르치는 사람도 있고, 체계적인 훈련이나 프로그램 없이 가르치는 사람들도 있다. 그래서 나는 그냥 무턱대고 경매 교육을 시작한다면 앞서 시작한 그들과 별 차이가 없을 것이라 생각했다.

내가 그들과 차별화되기 위해서는 먼저 그들에게는 없는 나만의 강점이 있어야 했다. 물론 나와는 비교할 수 없을 만큼 수십 채를 낙찰받아 부동산을 소유하고 있는 사람도 있다. 하지만 자신이 잘하는 것과 자신의 경험과 노하우를 타인에게 잘 가르치는 것은 매우 다르다. 특히 체계적인 프로그램을 통해 단시간에 투자 노하우를 익힐 수 있게 한다면 분명 나만의 강점이 될 것이다. 나는 나만의 투자 원칙과 철학을 정립할 수 있는 교육도 겸하고 있다. 실제로 나에게 교육을 받은 이후 스스로 낙찰을 받고 지속적으로 투자하는 사례도 많다.

사실 나는 경매 교육 사업 초기 의도적으로 각 지역을 가리지 않고 직접 찾아가 무료 상담을 했다. 나를 알리기 위한 일련의 노력이었고, 그 결과 수많은 분들의 사연과 열정을 접할 수 있었다. 자신이 원하는 정보만을 얻기 위해 상담을 요청하는 사람도 있었고, 진심으로 절박함을 호소하며 경매 투자로 일어서는 방법에 대한 조언을 구하는 사람도 있었다. 이 경험을 통해 경쟁력 있는 커리큘럼과 개인별 맞춤 투자 노하우를 갖게 되었다.

대부분의 경매 초보자들은 교육을 받고 낙찰을 받는데 보통 3개월 이상 걸리거나 1년을 넘길 때도 있다. 심한 경우 투자를 포기하는 경우도 있다. 부동산 경매 투자는 배우면서 실행하는 것이 최고다. 성공 확률이 90%에 달한다. 하지만 배운 다음 나중에 투자하겠다고 하는 사람들의 99%는 시도조차 하지 않는다. 나는 많은 사람들을 만나며 다짐했다.

"부동산으로 파이프라인을 만들고 싶은 사람들에게 가장 빠른 방법을 알려 주고 전 국민 1인 1채 프로젝트를 실현할 수 있도록 도우며 살자."

나는 고민 끝에 〈한경협〉을 설립했다. 교육은 어떤 가치관을 가지고 어떤 방향으로 배우냐에 따라 결과가 달라진다. 그래서 다음과 같이 교육 철학을 세웠다.

1. 자신의 명의로 된 건물을 소유하기를 원하는 사람들을 최선을 다해 돕는다.
2. 목표가 불명확한 사람에게는 구체적인 방향을 잡아 주고, 용기가 없는 사람에게는 확고한 신념을 갖게 해 준다.
3. 열정은 있지만 실행하는 방법을 모르는 사람들을 돕는 부동산 투자의 조언자가 된다.

이렇게 해서 〈한경협〉이 탄생했다. 내가 운영하는 블로그에 방문하면 다양한 성공 후기와 부동산 경매 전반에 대한 노하우들을 볼 수 있다. 나는 한 달에 한 번 정기적으로 부동산 경매에 대한 세미나를 진행하면서 사람들에게 보다 실질적인 경매 투자 노하우를 전수하고 있다.

나는 사람들에게 입버릇처럼 "부자가 아닐수록 부동산을 공부하라. 평범한 직장인일수록 부동산 투자는 반드시 필요한 파이프라인이 된다."라고 강조한다. 불과 수년 전까지만 해도 지극히 평범했던 내가 부동산 경매를 통해 자유로운 인생을 개척할 수 있었기 때문이다. 그래서 누구보다 부동산의 위력을 실감하고 있다. 지금까지 공무원, 공인중개사, 회계사, 대학생, 호텔 제빵사, 은행원, 교수, 목사 등 다양한 직업군의 사람들과 국내외 대기업 퇴직자를 대상으로 교육을 진행하고 있다.

경기도 김포에서 공무원으로 재직 중인 박현철 씨는 아내와 함께 찾아와 교육 상담을 요청했다. 교육을 받고 두 달 만에 부부가 일주일 간격으로 빌라 한 채씩을 각각 낙찰받았다. 경매 투자에서 부부가 하나가 되어 서로 밀어주고 당겨주는 모습은 흔치 않은 풍경이다. 몇 주 뒤 직접 찾아와 인터뷰도 하고 점심 식사도 함께 나누며 기쁨을 만끽했다.

직장을 다니다 육아를 위해 전업 주부로 생활하고 있는 이영희 씨는 보험과 적금을 해약해 봉천동에 있는 빌라를 낙찰받았다. 명도도 순조롭게 진행되어 일사천리로 수리와 임대가 끝나 월세를 받고 있다. 곧바로 부천에 있는 40평대의 빌라도 낙찰받았다.

또한 울산에 거주하고 있는 38세 이정현 씨는 현재 직장생활을 하고 있다. 교육을 받으면서 강원도에 있는 상가를 낙찰받았다. 교육을 받기 전에는 지하층 빌라를 낙찰받아 수익률이 다소 적었지만, 교육을 통해 만족할 만한 성과를 이끌어 내고 있다. 현재 대전에 있는 상가를 낙찰받아 명도를 진행 중이다.

이외에도 20대부터 50대에 이르기까지 다양한 사람들이 월세 받는 부동산을 소유하게 되었다. 월급 이외의 파이프라인을 차근차근 만들어 가고 있는 것이다.

부자가 되고 싶다면 부동산에 관심을 갖고 공부를 시작해야 한다. 평범할수록 부동산에 투자해야 경제적인 자유와 여유로운 마음을 동시에 누릴 수 있게 된다.

'경매'라는 도구의 사용법을 잘 익힌다면 본업이 즐거워질 것임은 두말할 필요도 없다. 노후를 편안하게 살고 싶다면 내일 할 일을 오늘 하라. 지금 이 순간 편함을 얻고자 할 일을 내일로 미룬다면 자신의 인생을 바꿀 소중한 기회는 날아가 버릴 것이다. 꾸물거릴 시간이 없다. 지금 당장 해야 할 일을 하자.

부자가 되는 데
아이큐는 중요하지 않다

"형, 공부가 좋아?"

"그럼, 세상에서 그렇게 재미있는 게 또 어디 있어?"

대학 시절, 프랑스 유학을 10년 동안 다녀온 사촌 형에게 공부에 대해 물었다. 공부가 재미있다는 말에 넋을 잃고 바라본 기억이 난다. 이에 반해 나는 고등학교 시절 전교에서 중하위권을 전전하며 늘 열등감에 눌려 살았다.

성공은 정말 아이큐가 높아야 이룰 수 있는 것일까? 3D 업종에서 첫 사회생활을 시작하면서 이런 생각은 점점 굳어져 갔다.

공부를 잘했으면 와이셔츠를 입고 깨끗한 환경에서 일할 수 있었으리라 후회도 많이 했다. 직장생활을 거듭할수록 만나는 상대가 학벌이 높거나 권위적이라면 괜히 자신감이 저하되었다.

우리나라는 사람들의 감춰진 잠재력을 발견하는 데 초점을 두지 않고, '순위'를 매겨 기득권을 유지하려는 경향이 높다. 세계적으로 성공한 사람들의 특징은 아이큐와 상관없이 꿈과 목표를 명확히 설정해 포기하지 않고 노력했다는 것이다. 시련이 클수록 성공의 크기도 커진다. 분명 성공을 이루는 과정에서 어렵고 힘든 일을 만날 것이다. 하지만 해결할 수 있는 방법을 찾아내는 습관이 부를 만든다.

어릴 때 우리 집 형편은 넉넉한 편이었다. 초등학교 6학년 때까지는 어려웠던 기억이 있지만 그때는 어렸기 때문에 가난이라는 것을 잘 알지 못했다. 고등학교에 진학하면서 알게 된 사실은 내가 그리 똑똑하지 않다는 사실이었다. 수학은 원리만 알면 되는 과목이었기에 어렵지 않았지만 나머지 과목은 관심이 없었다. 성적을 잘 받기 위한 공부였다. 시험을 치르고 성적표가 집으로 도착하면 '수'는 찾아보기 힘들었고 '양' 떼가 수두룩했다. 이렇게 평범하기만 했던 내가 부동산 경매 투자를 하게 된 이유가 있다. 직장생활을 하면서 '절대로 이대로 살지 않겠어!'라고 결심했기 때문이다.

부모님에게 용돈도 많이 드리고 싶었고 가족들이 원하는 것은 뭐든지 척척 들어 주는 가장이 되고 싶었다. 아무런 스펙도 없는 내가 열악한 상황을 바꾸려면 큰 시도가 필요했다. 오랫동안 알고 지내오던 친구들과도 연락을 끊었다. 성공하기 전까지 오로지 부동산 투자에만 전념했다. 다행히 내가 투자한 부동산들은 나를 배신하지 않았고 나와 부모님의 생활을 지탱해 주었다. 내 인생을 구해 준 것이다.

내가 사람들에게 자주 하는 말이 있다.

"부자가 되는 데 아이큐는 그다지 중요하지 않습니다. 물론 서열이 정해진 직장에 들어가 업무를 수행하려면 아이큐가 중요합니다. 그러나 직장생활로는 절대 부자가 될 수 없습니다. 직장에서 노예처럼 일하는 것은 부자로 살 생각이 없다는 의지의 표현입니다. 한 달에 한 번 월급을 받아 생활하는 빠듯함으로는 절대 지금의 상황을 벗어날 수 없습니다. 아이러니한 것은 똑똑하고 공부를 잘했던 우등생들이 직장에 들어가 남을 위해 일한다는 것입니다. 그들이 바라는 것은 자신의 재능이나 잠재력을 찾아 사업을 하는 대신, 몸값을 올려 승진을 하거나 연봉을 올려받는 일입니다."

나는 오히려 높은 아이큐는 부자가 되는 데 방해가 된다고 생각한다. 아이큐가 높은 사람들은 이상주의와는 거리가 멀 가능성이 크다. 논리적이고 합리적으로 모든 일을 계획하고 결정한다. 답을 이미 계산해 놓고 움직이기 때문이다. 한계를 넘는 그 이상의 무엇인가가 없다.

모든 사람은 저마다 재능을 갖고 태어난다. 나 역시 재능이 있다. 재능을 가진 사람들에게 아이큐는 중요하지 않다. 재능은 '아이디어'와 '노력', '끈기'로 자신의 능력과 잠재력을 발산한다. 에디슨과 같은 천재들을 보면 어떻게 자신의 능력을 발휘해 왔는지 역사적인 성과들로 판단할 수 있다. 어릴 적 따돌림을 당하고 이상한 행동으로 오해를 받았던 에디슨이지만 실패를 모르는 노력으로 위대한 업적을 이끌어 냈다. 수없이 많은 실패에도 포기하지 않고 해결책을 찾았던 끈기가 성공의 원동력이 된 것이다. 당신도 가능하다. 원하는 삶을 만들 수 있다. 자신이 생각한 꿈과 목표를 말로 자주 표현하며 매일매일 생각을 키워라. 생각은 조금씩 자라 어느 순간 현실로 나타날 것이다.

나는 어떤 목표가 생기면 그 목표가 이루어지기 전까지 늘 생각하는 습관이 있다. 이런 습관은 잠재의식을 자극한다. 어느 날 운전 중에 '경철'이라는 수강생을 떠올리고 있었다. 그는 석 달 동안 나에게 부동산 경매를 배웠다. 한동안 소식이 뜸하다가 생각을 하고 있는 와중에 갑자기 연락이 온 것이다.

그는 낙찰 소식을 전해왔다. 교육 도중 빌라 한 채를 낙찰받고 마무리한 뒤 몇 달이 지났을 때였다. 나의 도움 없이 스스로 낙찰을 받고 명도까지 한 뒤 임대 계약을 맺은 것이었다. 무척이나 대견했다. 당시 그의 나이는 22세였다. 2년 동안 독학한 사람들조차 망설이는 경매 투자를 아무렇지도 않게 해낸 것이다.

내가 경매 교육을 하면서 2017년에 꼭 이루고 싶었던 목표가 있다. 100여 명 이상 되는 직장인들을 대상으로 특강을 하는 것이었다.

그해 5월, 우연한 기회에 여의도 CGV에서 강연 요청이 들어왔다. 간절히 원하고 생각하면 언젠가 그 생각은 싹을 틔운다. 지금 자신이 처한 현실을 한탄한다면 원하는 바를 머릿속에 뚜렷하게 그려 놓아라. 진심으로 원했다면 몸과 마음은 자신이 원하는 방향으로 움직일 것이다. 아이큐와는 전혀 상관없으니 자신을 믿어라.

나의 교육 목표는 '쉽고 재미있게 원리를 가르치는 것'이다. 남들 다 가르치는 방식은 더 이상 통하지 않는다. 일관된 지식만 주입하는 수업은 실전에 전혀 도움이 되지 않기 때문이다. 부동산 경매는 어려운 법률 용어가 많다. 돈을 벌기도 전에 두통부터 몰려온다. 처음 배울 때 흥미를 갖는 것이 중요한데 경매는 그렇지 못하다. 특히 판례의 경우에는 쉽게 설명해도 될 내용을 꼬아서 어렵게 표현한다. 이런 문장 한 줄을 해석하려고 해도 적잖은 시간이 소모된다.

지역과 학력, 나이를 불문하고 수많은 사람들을 가르치면서 나의 임상 경험은 날로 많아졌다. 각기 다른 투자 성향과 판단력을 소유한 교육생들을 접하면서 나 또한 많은 것을 배웠다. 교육을 하면 할수록 무거운 책임감 또한 느낀다. 단순히 돈을 버는 그 이상의 것을 심어 주고 싶다. 앞으로 자신의 인생을 설계할 수 있는 결정적인 힘이 무엇인지 함께 알려 줄 생각이다. 이 생각의 힘이 궁금하다면 나의 휴대전화(010.5196.5139)로 메시지 한 통을 남겨 보라.

며칠 전 공부가 재미있다는 사촌 형에게 전화를 걸었다. 안부도 물을 겸 그때 나눴던 대화를 농담 삼아 다시 꺼냈더니 이렇게 말했다.

"내가 그때 너에게 한 이야기는 내 기준이었어. 내가 재미있다고 표현한 것은 학문적인 사고를 좋아한다는 뜻이야. 너는 다를 수 있지. 잘하고 좋아하는 분야가 다르니 재능도 다른 거고."

나도 모르게 고개가 절로 끄덕여졌다. 나침반 없는 배를 타고 항해를 하듯 바다를 표류하는 인생은 시간과 에너지 낭비일 뿐이다. 자신이 대단한 능력이 있는 것도 아니고 뛰어난 재능이 있는 것도 아니라고 생각하는가? 자신이 없다면 0.5초 이내로 실행할 수 있는 일을 찾아 끝내 보라. 가장 쉽고 빠르게 가까운 목표를 세워 실행을 반복하다 보면 어느새 성취감이 극에 달하게 되어 자신감이 생길 것이다. 자신감은 만들어지는 것이다. 그 자신감을 만드는 사람 또한 자신이다. 원인은 자신에게 있다는 사실을 깨달아야 한다.

'잠깐 쉬고 해야지.'
'내일 하면 되겠지.'
'다음에 하면 돼.'

내면에서 속삭이는 유혹에 넘어가서는 안 된다. 자신에게 부정적인 한계를 짓는 것이야말로 실패로 가는 지름길이다. 생각은 말로 표현되고 말은 곧 행동으로 나타난다. 이런 행동들은 결과로 이어져 부자로 가는 길과 멀어지게 된다. 말로는 부자가 되고 싶다고 하면서 실천하지 않으면 소용이 없다.

'오늘 이것까지는 꼭 해야지!'
'다 끝내고 쉬자.'

'조금만 더 하면 돼!'

매일매일 조금씩 나아져야 한다. 지금에 집중하며 한계를 넘어서는 노력을 시도해 보라. 실패도 많고 한계에 부딪히기도 할 것이다. 하지만 포기하지 않는 하루하루가 쌓인다면 분명 지금보다 훨씬 선명한 내일이 보일 것이다.

평범한 삶이 아닌 부자로 사는 인생이 되어야 한다. 숨겨진 능력을 계발하고 잠재력을 폭발하게 만들어라. 아이큐에 의존해서는 될 일도 안 된다. 사회가 정해 놓은 '줄 세우기'일 뿐이다. 당신의 미래를 결정하는 것은 명확한 목표와 노력, 그리고 부자 의식이라는 점을 기억해야 한다.

부동산 경매는
부의 추월차선이다

가난한 사람들과 중산층 사람들은 돈을 위해 일한다.
하지만 부자들은 돈이 자신을 위해 일하게 만든다.
부자는 절대 돈을 위해 일하지 않는다.

- 로버트 기요사키 -

누구나 차를 타고 고속도로 위를 달린 경험이 있을 것이다. 고속도로에는 신속한 통행을 위해 추월차선을 운영한다. 추월차선은 바쁘거나 서둘러 가야 할 때 이용하고 그 외에는 규정 속도로 주행한다. '추월'이라는 사전적 정의는 '뒤에서 따라잡아 앞의 것보다 먼저 나아감'을 의미한다. 추월차선을 이용하지 않으면 정규 속도로 가는 차들을 앞지를 수 없다.

제한된 월급으로는 절대 부자가 될 수 없는 것과 같은 이치다. 나는 한 번도 가 보지 않은 단계를 뛰어넘지 않으면 안 된다는 것을 깨달았다. 결국 원금 손실의 위험이 있거나 수익이 나는지 그렇지 않은지 결과를 알 수 없는 재테크는 쳐다보지 않았다. 주식처럼 팔아야 돈이 수중에 들어오는 구조도 내 상황과는 맞지 않았다. 내가 부동산 경매를 선택한 기준은 모두 다섯 가지다. 그 기준들은 다음과 같다.

첫째, 내가 직접 움직이지 않아야 한다.
둘째, 매달 고정적인 현금이 들어와야 한다.
셋째, 목돈이 적으므로 가성비가 커야 한다.
넷째, 돈 버는 속도가 빨라야 한다.
다섯째, 투자 전 수익률을 확인할 수 있어야 한다.

첫째, 내가 직접 움직이지 않아야 한다.

가장 빨리 부자가 되는 방법은 돈이 돈을 벌게 하는 것이다. 내가 없어도 스스로 돌아가는 시스템을 만드는 것이 핵심이다. 내 몸을 사용해 직접 일을 하는 것은 직업이다. 직업은 노동 대비 버는 수입에 한계가 있다. 주말에 아르바이트를 할 수도 있을 것이다. 그러나 시간이 갈수록 체력이 부족해져 노동이 힘들어진다.

나이가 들수록 머리를 쓰는 일에 집중해야 하는 이유도 여기에 있다. IT 세계에서 말하는 일종의 플랫폼을 제공할 수 있는 방법을 늘 고민해야 한다. 부동산을 필요로 하는 사람에게 공간을 제공하고 돈을 받는 구조가 가장 기본적인 방법 중 하나이다. 내가 움직이는 것이 아니라 공간을 사용하는 사람이 돈을 벌어다 주도록 하는 것이다.

둘째, 매달 고정적인 현금이 들어와야 한다.

나는 당장 수입을 증가시킬 수 있는 재테크가 필요했다. 일정 기간 보유했다가 가치가 상승한 후에 팔아야 수익이 손에 들어오는 구조는 원하지 않았다. 투자 즉시 현금이 들어와야 한다. 굳이 팔지 않고 보유만 하고 있어도 수입이 창출되는 것이 부동산이다.

셋째, 목돈이 적으므로 가성비가 커야 한다.

투자할 돈이 없는 상황은 되도록 적은 금액으로 할 수 있는 재테크를 찾게 만들었다. 최소한의 자금으로 수익을 낼 수 있는 투자는 무엇일까? 수익이 큰 투자보다는 수익률이 큰 투자를 원했다. 욕심을 부릴 만한 돈이 없었기 때문에 채 수를 늘리는 일에는 관심이 없었다. 한 건 한 건 완벽한 성공을 거둘 수 있는 물건에 집중했다. 투자금의 규모가 작을수록 다시 투자할 수 있는 힘을 얻는 데는 오랜 시간이 걸리지 않는다. 가성비가 크다는 뜻은 재투자를 준비할 수 있는 시간적 간격이 짧아진다는 것을 의미하기 때문이다. 나에게 가성비는 금전적인 크기보다 시간적인 효율성이 더 큰 의미를 지닌다.

넷째, 돈 버는 속도가 빨라야 한다.

부동산 경매의 수익 구조는 총 3가지로 구성된다. 애초에 할인된 가격으로 살 수 있기에 사자마자 돈을 버는 것이다. 낙찰을 받고 임대계약이 체결되면 보유 중에 현금이 들어온다. 그러다 일정 기간이 지나고 오르는 시기에 매도하면 시세 차익까지 바라볼 수 있다. 즉 팔 때도 돈을 번다. 3중 수익 구조를 지닌 재테크는 부동산 경매가 유일하다.

다섯째, 투자 전 수익률을 확인할 수 있어야 한다.

오를 것인지 떨어질 것인지 불안한 재테크보다는 수익률을 투자하기 전부터 알 수 있는 투자가 좋았다. 나는 없는 돈에 빌리기까지 한 돈을 잃고 싶지 않았기 때문에 방어적인 투자를 고수했다. 철저히 계산된 시나리오 속에서 이기는 싸움을 하고 싶었다. 부동산 경매는 과거의 데이터를 토대로 현재 시점을 분석해 투자가 이루어진다.

데이터를 수집하고 이를 분석하는 작업은 나의 특기다. 정량적인 판단이 가능한 투자는 수익률을 미리 확인할 수 있다. 투자가 선행되기 전부터 수익률을 알 수 있다는 것은 원금 손실에 대한 리스크를 없앨 수 있는 최고의 장점이다.

지금까지 설명한 다섯 가지 내용들은 그 당시 주어진 조건에서 내가 할 수 있는 최선의 선택이었다. 이 조건을 모두 충족시키는 투자라면 절대 돈을 잃지 않으리라는 확신이 들었다.

첫 투자는 돈을 버는 쪽보다 잃지 않겠다는 원칙에 무게를 두었다. 나에게 잘 맞는 재테크를 고르는 일은 무척 중요하다. 내 몸에 부자연스러운 기술은 제 실력이 발휘되기 어렵기 때문이다. 남들이 돈을 벌 수 있는 투자라고 해서 무작정 따라 해서도 안 된다. 많은 돈을 투자해 봤지만 아직도 자신이 가난한 이유가 무엇인지 생각해 봐야 할 것이다. 남들은 되는데 나는 왜 하는 것마다 안 되는 것일까?

돈을 버는 기술은 자신의 투자 성향과 궁합이 잘 어우러져야 비로소 효력이 발휘된다. 재테크는 빠른 속도도 중요하지만 자신이 자유자재로 쓸 수 있는 기술이 아니라면 무용지물이 된다. 돈과 시간을 낭비하는 결과를 가져오기 때문이다. 돈을 버는 기술만큼은 열심히만 해서는 안 되는 영역이 존재한다. 많은 시간을 열심히 하기보다 최소한의 시간 동안 제대로 익히는 것이 중요하다. 시간이 없다는 변명은 핑계일 뿐이다.

가난한 사람들의 특징은 돈은 벌고 싶지만 돈 벌 시간이 없다는 것이다. 정확히 말하면 지금의 수준 이상으로 돈을 벌 의지가 없다는 표현이 맞을 것이다. 고속도로에서 내 앞에 달리는 차를 추월하는 방법은 앞서 가는 차보다 더 빠른 속도를 내는 것뿐이다. 속도를 높이려면 액셀러레이터를 있는 힘껏 밟아 가속도를 높이면 된다. 여기서 추진력은 가난에서 벗어나려는 의지에 비유할 수 있다. 사람들은 절박한 상황이 아니면 100% 힘을 쏟아 붓지 않는다.

앤드류 카네기는 "부잣집 아이들은 부족함 없이 성장한다. 덕분에 어떤 것을 이루고자 하는 욕망도 없다. 게다가 스스로 개척할 필요가 없으니 남에게 의지하게 된다. 풍족하게 살 수 있는 돈이 있는 덕분에 힘들게 노력할 생각도 하지 않는다. 그러나 자신의 재능 이외에 의지할 거라고는 아무것도 없는 사람은 다르다. 열악한 조건을 필사적인 노력으로 극복한다. 끊임없이 시도하고 온갖 시련에도 굴하지 않는다."라고 말했다. 중요한 것은 가난한 사람들 모두가 이런 노력을 하지는 않는다는 것이다.

추월차선을 타기 위해서는 간절한 의지를 동력으로 삼아야 한다. 나이가 들수록 쏟아부을 에너지는 점점 줄어든다. 체력이 고갈되고 집중력은 쇠퇴한다. 서울에서 부산을 가려면 경부고속도로만 타면 된다. 운전자의 운전 능력과 차의 성능에 따라 걸리는 시간은 달라진다. 운전 실력이 아무리 좋아도 차의 성능이 받쳐주지 못하면 일정 속도 이상을 낼 수 없다.

반대로 차의 성능은 좋은데 운전 실력이 형편없다면 도착하기는커녕 사고를 당할 위험까지 떠안게 된다. 좋은 성능을 가진 차를 골라 제대로 운전하는 법을 배워라. 처음부터 속력을 내는 것은 어려울 수 있으나 시간이 지날수록 운전은 익숙해질 것이다. 차와 한 몸이 되는 순간 여유 있는 드라이브를 즐기게 된다.

부동산 경매는 많은 추월차선 중 가장 가성비가 크고 단기간에 현금 흐름을 만들어 준다. 부동산은 당신에게 일을 시키지 않는다. 아무 일을 하지 않아도 당신의 부동산을 사용하는 사람이 당신의 통장에 현금을 보내 주기 때문이다.

가끔 수명이 다 된 전등이나 보일러를 교체해 달라고 연락이 올 수도 있다. 하지만 이런 일은 생각보다 거의 없다. 또 자신이 사는 지역과는 동떨어진 곳에 낙찰받기가 두렵다면 이 또한 단 10분의 전화 한 통으로 모든 것이 해결된다. 몸을 쓸 생각을 하니 도처에 안 되는 것밖에 없는 것이다.

세상에는 젊은 나이에 자신이 좋아하는 일을 하며 행복한 인생을 사는 사람들이 많다. 인터넷이 발달하면서 유튜브 스타가 수억을 벌기도 하고 애플리케이션을 개발해 벼락부자가 되기도 한다.

열심히 노력해서 부자가 되는 시기는 지났다. 부동산으로 월세를 받는 자동화 시스템은 아주 오래 전부터 있었던 추월차선이다. 부동산에 투자해야 부자가 될 수 있다. 한 살이라도 젊었을 때 추월차선에 탑승하지 않으면 당신의 노후는 지금보다 더 어려워질 것이다.

미리 준비하고 공부하는 일을 게을리하지 마라. 빨리 시작할 수록 빨리 이루어지는 곳이 경매 시장이다. 부동산 경매는 부의 추월차선이다.

누구나 월세받는
직장인이 될 수 있다

누구나 재능은 있다. 드문 것은 그 재능이 이끄는 암흑 속으로 따라 들어갈 용기다.

- 에리카 종 -

"저 같은 초보자도 낙찰을 받을 수 있을까요?"
"법을 전혀 모르는데 경매를 배울 수 있나요?"

부동산 경매로 투자를 하고 싶어 하는 사람들이 가장 많이 하는 질문이다. 대부분 일반 매매 시장과 달리 법을 잘 알아야 한다고 생각한다. 경매는 각 지역의 법원이 관장하는 사업이고 부동산이라는 상품 또한 법원이라는 매장에 가서 구매한다. 법원은 소송이나 이혼할 때 외에는 한 번도 갈 일이 없는 사람에게 부담으로 작용한다.

낯선 길을 빨리 익히기 위해서는 자주 가 보는 방법이 가장 좋다. 이사를 다녀 본 사람은 알 것이다. 처음 다녀 보는 길, 처음 접하는 환경, 처음 대하는 사람 등 적응하는 데 시간이 걸리게 마련이다.

경매도 마찬가지다. 법적인 용어나 서류, 지식은 자주 들여다보면 익숙해지는 것은 시간문제다. 판사나 변호사처럼 많은 지식을 깊이 습득할 필요는 없다.

법원은 '마트'라고 생각하고 부동산은 '음료수'라고 생각하라. 부동산을 사러 법원에 가는 것은 음료수를 사러 마트에 가는 것과 같다. 이렇게 생각하면 법원이 훨씬 친근하게 느껴질 것이다. 돈 되는 물건을 파는 곳이 법원이라고 생각하면서 발걸음도 경쾌해져야 한다.

부동산 경매는 특히 돈이 없는 사람들에게 기회가 되는 시장이다. 새것을 파는 곳이 아니라 중고를 파는 곳이다. 거기다 돈이 부족할까 봐 대출 제도까지 마련해 구매를 독려하는 곳이다. 기본적으로 빨리 팔아야 재고가 쌓이지 않는다. 사람들이 빨리 사가도록 하려면 법에 대한 규칙을 어렵게 만들겠는가? 법을 전공한 소수의 사람들만 살 수 있다면 경매 사업은 망할 것이다.

하던 사업을 접고 직장을 구하던 40세 나호진 씨는 개인 지도를 받기 위해 사무실로 찾아왔다. 가지고 있는 돈은 2,000만 원이 채 안 되었다. 가성비를 극대화시키는 전략으로 물건을 선정했다. 시세 조사와 분석을 마친 후 낙찰까지 딱 한 달이 걸렸다.

보통 3~4개월이 걸리는 수준과 비교하면 굉장히 빠른 결과였다. 그의 장점은 부동산이나 법에 대해 전혀 몰랐다는 사실이다. 새 술은 새 부대에 담으라고 했다. 그는 경매에 대한 기본적인 지식이 없었기에 오히려 가르쳐 준 그대로 했고 그것이 결국 좋은 결과를 가져왔다.

2017년 대한민국 직장인 1,000명을 대상으로 조사한 결과, 직장인들의 일주일 평균 야근 일수는 2.5일 정도로 나타났다. 특히 '대기업'과 '연구 개발직' 직장인들은 상대적으로 야근이 잦았다. 46%가 야근을 '자주 한다'는 답변을 내놓기도 했다.

야근이 가장 잦은 직무는 연구 개발직으로 58%가 이에 해당된다. 하지만 10명 중 6명은 수당을 받지 못하는 것으로 조사되었다. 얼마나 슬픈 현실인가. 대기업에 들어가기 위해 온갖 스펙을 쌓으며 고분분투했던 시간들이 허무할 정도다.

몸은 몸대로 혹사당하고 노동의 대가도 제대로 받지 못하는 것이 현실이다. 이런 삶이 어떤 의미가 있는가. 결국 시간에서 자유롭지 못한다면 인생은 행복해질 수 없을 것이다. 망가진 몸을 이끌고 퇴직을 할 때쯤이면 정작 내가 하고 싶은 일은 할 수 없게 된다. 내가 할 수 있는 일도 없다. 그동안 벌어 놓은 돈을 아끼며

남은 인생을 살아가야 한다.

100세 시대가 성큼 다가온 지금, 지출만 한다면 미래는 보장되지 않는다. 평생직장이 없다면 평생 월급이 나오는 부동산을 미리 준비하는 것이 현명할 것이다.

출산을 앞둔 대기업을 다니고 있는 37세 김영란 씨는 출산휴가 기간 동안 부동산 경매로 낙찰받을 계획을 세우고 있었다. 자동차 관련 연구직에 근무하고 있었는데 아침 일찍 출근해 밤 10시를 넘기는 일이 다반사였다. 직장을 다니기 전 취업의 어려움도 겪어 봤고 사회초년생 때 회사가 법정 관리에 들어가 월급이 안 나와 힘들었던 일도 있었다. 지금은 안정적인 회사를 다니고 있지만 앞으로의 일은 누구도 장담할 수 없음을 잘 알고 있었다. 그래서 미래에 대한 준비가 필요하다고 느낀 것이다.

그녀에게 굳이 왜 부동산 경매를 택했는지 물었더니 스무 살 때 집이 경매로 넘어간 이야기를 꺼냈다. 정말 돈 한 푼 없었지만 부모님은 2년 동안 돈을 모아 다시 경매로 집을 사고 상가를 매입해 재기를 했다는 것이다.

결국 집안이 안정을 찾는 데 그리 오래 걸리지 않았다. 그는 이 모든 과정을 겪은 터라 경매에 대한 인식이 남달랐고 훨씬 깨어 있었다. 교육을 받으며 무려 두 달 만에 스스로 낙찰을 받았다. 임신 중에 공부하기란 쉽지 않은 일인데 그 힘든 와중에도 불평 한마디 없이 훈련을 완벽하게 소화해 낸 결과였다.

경매 공부는 어떤 기준을 가지고 시작하는 것이 좋을까?

첫째, 권리 분석보다 우량 물건을 찾는 기술을 익히는 데 시간을 많이 써야 한다. 초보자는 대부분 권리 이론과 씨름하며 시간을 보낸다. 모든 이론을 정립하고 싶은 학문적 욕구를 억제하지 못하는 것이 가장 큰 실수다. 학문을 탐구하는 호기심은 돈을 벌어 주지 못한다. 물을 마시며 뛰는 마라톤 경주처럼 배우는 즉시 투자를 병행하는 것이 비약적으로 실력을 높여 준다.

둘째, 허리에 묶여 있는 안전벨트를 풀어라.

〈배트맨 비긴즈〉라는 영화에서 주인공은 깊은 우물의 한쪽 벽면에 서 있는다. 그는 반대편 쪽으로 건너기 위해 떨어지지 않으려고 허리에 밧줄을 동여맸다. 한 뼘 정도가 모자라 번번이 건너지 못하고 다시 제자리로 돌아왔다. 그러던 중 뒤에서 그를 바라보고 있던 노인이 한마디 건넨다. "허리에 묶인 밧줄을 풀고 뛰어 보십시오. 그러면 반대편으로 건널 수 있는 힘을 얻게 됩니다."

이 말을 들은 주인공은 한 가지를 깨닫게 된다. 밧줄을 풀고 뛴다면 구덩이로 빠지지 않기 위해 온힘을 다해야 한다는 것을. 결국 모든 힘을 쏟아부어 건너뛰게 되고 구덩이 밖으로 탈출하는 데 성공한다.

경매 투자에서의 성패는 돈에 대한 집중력이다. 낙찰이 되도 그만 안 돼도 그만이라는 생각은 반드시 실패의 요인이 된다.

셋째, 권리 분석 공부는 원리부터 이해하라.

초보자들은 대부분 법률 용어나 경매 지식을 외우다시피 한다. 그런데 정작 실전에 적용하지 못하는 경우를 많이 보게 된다. 경매에서 권리관계를 풀어내는 가장 중요한 열쇠는 '돈'이다.

돈 관계로 얽힌 문제를 풀어내는 것이 관건이다. 국가는 채권자들에게 돈을 나눠 줄 때 '기준'을 제시한다. 바로 '날짜'다. '날짜'를 따져가며 돈을 배당한다. '돈'과 '날짜'를 따졌다면 누구 '소유'가 될 것인지를 법이 정한 원칙에 따라 판가름한다. 다시 말해 돈, 날짜, 소유권 이 세 가지를 가지고 권리를 공부해 나가면 어렵지 않을 것이다.

넷째, 자신의 가치관과 어휘 수준에 맞는 책을 골라 보라.

경매 공부가 처음이라면 무조건 여러 권의 책을 많이 읽는 것은 추천하지 않는다. 나는 주식을 공부할 때에도 내 성향에 맞는 책 한 권만을 골라 집중적으로 반복해서 읽었다. 투자 철학이 뚜렷하고 나와 가치관이 같은 책일수록 좋다. 내가 이해하기 쉬운 언어로 쓰였다면 더할 나위 없을 것이다. 책을 고를 때에는 목차를 먼저 훑어본다. 전문 용어나 법률 지식들로 나열된 주제는 배제하는 것이 좋다. 실전 투자 과정에서 배울 수 있는 기술이나 방법이 설명된 책을 고르면 된다. 특히 저자의 투자 철학이나 마인드가 자신과 잘 맞는지 비교하는 것이 가장 중요하다.

이 4가지 원칙을 지키며 경매 공부를 시작한다면 경매 투자의 성공 확률을 높일 수 있을 것이다. 첫 투자는 수익률에 치중하지 말고 과정을 완벽히 소화하는 데 집중하라. 과정 하나하나를 익히며 자신만의 투자 철학을 세워 나가라. 과욕을 버리고 투자에 임한다면 항상 이기는 싸움을 하게 될 것이다.

직장은 안정적인 수입을 확보하기에 가장 기초적인 수단이다. 하지만 나의 시간을 온전히 바쳐야 한다는 점에서 자유롭지 못하다. 정해진 시간에 출퇴근하는 생활을 반복한다. 이러다 보니 공부를 하고 싶어도 좀처럼 시간을 내지 못하는 것이 사실이다. 공부를 시작했어도 피곤함에 지쳐 금방 포기한다. 굳이 잠을 줄여가며 공부할 절실한 이유도 없고 매달 나오는 월급으로 그럭저럭 생활이 가능하기 때문이다. 그러나 회사를 그만두는 일은 갑작스럽게 찾아온다. 안전한 울타리에 있을 때 불안한 미래를 대비해야 한다. 시간이 없을수록 경매 투자에 성공할 확률이 높다.

나에게 경매 교육을 받고 성공한 사람들은 대부분 공부할 시

간이 없는 직장인이다. 잠자는 시간을 쪼개가며 공부한다. 누구
든 월세를 받는 일은 어렵지 않다. 돈이 없다는 말만 외치는 사람
은 자신의 미래도 없다는 말과 같다. 일단 시작하라. 눈과 귀가 열
릴 것이다.

돈 걱정 없는
노후를 준비하라

고령화의 영향에서 자유로운 사람은 없다. 사람들은 노후를 대비하기 위해 수입의 일부를 저축하고 대출을 받으며 자산을 늘리기 위해 노력한다. 기대 수명이 연장되면서 저축을 해야 하는 기간도 늘었다. 앞으로 노후의 요양 비용이나 활동력이 자유롭지 않게 될 경우 지탱할 수 있는 자금을 준비해야 할 것이다.

개인은 평생 소비와 저축을 반복하며 일생을 보낸다. 40대 이전까지는 저축률이 상대적으로 낮다. 그러다 40대가 되면 수입이 증가하고 부채를 갚는 비중이 늘고 저축률이 증가해 노년을 맞이한다. 지금 우리는 경제관념에 대한 교육 부족과 연금 제도에 대한 불안감으로 살아가고 있다. 정부의 재정 지출은 경제 성장률보다 훨씬 빠른 속도로 증가하고 있다. 정부가 개인의 미래를 책임질 수 없다는 뜻이다.

우리나라 국민의 일반적인 금융 지식 수준과 은퇴 후 자금의 필요성에 대한 이해도는 매우 낮다. 통계 자료에 따르면 100명 중 40명은 노후 자금을 준비하지 않고 있고 노후 자금을 저축할 생각이 없거나 저축 여력이 없는 사람도 많다. 전체 가구의 32%는 수입보다 지출이 많은 것으로 나타났다.

저축으로 미래를 준비하기에는 역부족이라는 사실을 인정해야 한다. 저축을 이용해 목돈을 마련하고 이 목돈으로 어떻게 돈을 불릴 것인가는 이미 많은 사람들의 관심사다. 우리나라에서 가장 많은 자산을 차지하는 재화는 부동산이다. 수요가 충분한 지역에 위치한 부동산의 자산 가치는 경기 불황에 상관없이 지속적으로 상승해 왔다.

고령화의 속도를 감안하면 앞으로 저축률은 더욱 낮아지고 투자에 대한 관심은 갈수록 증가할 것으로 보인다. 투자에 소극적인 사람들일수록 연금 제도에 기대는 경향이 많다. 연금으로 받는 돈과 저축한 돈으로 최대한 아껴 쓰는 전략을 구사한다. 그러나 이런 전략에는 한계가 있다. 수명이 길어질수록 연금 제도가 와해될 리스크와 연금 수령자의 빈곤이 심각해질 수 있기 때문이다.

저출산율이 심화되고 생산 인구가 줄어드는 변화는 소득 분배에 변화를 가져온다. 교육 수준은 높아지고 임금 인상은 지속적으로 상승한다. 결과적으로 물가 상승률이 높아지는 것은 당연하다. 이를 대비할 수 있는 수익 구조를 마련해야 할 것이다.

사람들은 일터에서 많은 시간을 보낸다. 맞벌이가 늘고 자녀를 돌볼 시간은 현저히 줄고 있다. 월급은 한정되어 있지만 의료비나 거주비, 교육비 지출은 더 많아지고 있다. 지금 자라나는 세대가 부모 세대보다 경제적으로 어려워질 것이라는 예측이 빗나가길 바랄 뿐이다.

요즘 젊은 세대는 경제적으로 부모에게 의지하는 비율이 늘고 취업률도 저조하다고 한다. 교육비를 스스로 감당해야 하는 상황이 개인의 빚까지 증가시키고 있다. 초등학생들도 스마트폰을 하나씩 들고 다닐 만큼 통신료도 지출의 큰 일부분이 되었고, 신용카드 사용은 말할 것도 없다.

그런데 수입을 늘리려는 생각보다 필요한 것을 먼저 소비하는 습관이 굳어져 있다. 돈에 대한 사고방식이 부모 세대가 이들과 같은 나이였을 때와는 전혀 달라졌다는 것을 뜻한다. 사고방식부터 전환하지 않으면 이런 소비 행태는 평생 바뀌지 않을 것이다. 빚이 많아지면 결혼을 한 후 아이를 낳는 일에 부정적일 수밖에 없다. 결혼 시기도 늦어지고 자녀 계획도 세우기 힘들어진다.

부동산과 다른 소비재의 차이점이 무엇일까? 부동산은 철거되기 전까지 거의 '영원히' 유지되고 자산 가치가 상승한다는 점이다. 인구학적인 구조를 고려할 때 주택을 매수하는 수요가 감소한다는 사실은 부인할 수 없지만 사용하려는 임대 수요자는 늘어날 것이다.

1인 가구가 증가하고 고령화로 거주 공간의 규모가 축소되면 건설 회사들은 많은 사람들이 원하는 소형 평수의 집을 공급하는 데 집중하게 된다. 새로운 땅에 새로운 건물을 짓기보다 기존의 땅에 있는 오래된 건물을 리모델링하는 추세가 이어질 것이다.

자녀들이 독립하면 점점 더 많은 노인들이 거주 공간을 줄이고 큰 병원이나 편의시설이 갖추어진 도시 인근으로 옮길 가능성이 커진다. 젊은 세대 역시 경제적 능력을 고려해 작은 규모의 거주 공간을 구입하고 교외보다 도시에서 사는 것을 원한다. 결국 투자자 입장에서는 거래 빈도수가 높고 경제적 부담이 적은 수준에 속하는 소형 주택에 투자하는 전략이 현명할 것이다.

"안 팔리면 어떻게 하죠?"
"월세가 안 나갈 수도 있잖아요."

경매 물건을 고를 때 역세권을 피하라고 가르치면 얼굴 표정이 심각해진다. 부동산 경매 시장은 미래 가치보다 현재 시점의 가치를 따져서 낮은 가격으로 이득을 보는 곳이다. 앞에서 언급했지만 부동산을 구매하기 전에 이미 팔리는 상품인지 임대가 잘되는 상품인지 파악이 되는 것이다. 즉 불안감을 안고 예측해야 하는 투자가 아니라는 말이다. 대부분의 사람들은 돈이 없어서 걱정을 하지, 돈이 많아서 걱정을 하지는 않는다.

경기도 화성 시청 자산관리과정에서 부동산 경매 특강을 한 적이 있다. 돈에 대한 주제로 강의를 시작했는데 50대 공무원에게 돈에 대해 물었다. "한 달에 쓰는 돈이 충분하세요?"라는 질문에 "너무 부족하다."라고 답했다. "남편이 돈을 많이 안 준다."는 말에 강연장은 웃음바다가 되었다.

'돈은 부족하지 않을 정도만 있으면 된다'는 생각에 동의하는가? 아마도 돈이 차고 넘쳐 봤으면 하는 생각을 한 번쯤은 해 보았을 것이다. 당신과 자녀 세대의 미래는 어떤 형태로 변화할지 모른다. 평생 단 한 번도 병원 신세를 지지 않고 평생 하루 세 끼만 먹을 자신이 있다면 굳이 많은 돈을 벌 이유가 없을 것이다.

변화에는 희생이 따른다. 돈을 많이 버는 사람이 많아지면 상대적으로 벌지 못하는 사람도 많아진다. 소득의 불균형은 이미 깨진 지 오래고, 갈수록 빈부의 격차는 커질 것이다. 돈이 많으면 무슨 일이든 자신감이 생기고 그 자신감으로 더 많은 일을 성공시킬 수 있다. 돈을 많이 벌어 본 사람일수록 앞으로 더 벌 확률은 커진다. 결국 돈이 돈을 벌게 되는 것이다.

돈을 불리는 방법은 저축 외에 없다고 생각하는 사람들은 고통스러운 미래를 감당해야 할지도 모른다. 직장을 다닐 수 없는 나이가 되면 퇴직금을 털어 야심차게 장사를 시작하기도 한다. 오랫동안 직장을 다녔던 사람일수록 은퇴 후 창업으로 성공할 확률은 극히 낮다.

정글과 같은 세상에서 살아남기 위해서는 우선 경제적으로 자유로워질 수 있는 방법을 배워야 한다. 돈을 보존하는 것과 투자하는 것의 차이는 전자는 물가가 상승할수록 자신의 돈의 가치는 떨어지는 것을 뜻하고 후자는 원금 보전을 뜻하지만 실제로는 더 많은 소득이 발생한다.

부동산 경매로 돈 걱정 없는 내일을 준비하라. 오늘은 한 번 지나가면 돌아오지 않는다. 돈을 벌면 시간을 벌 수 있다. 시간을 벌면 돈을 벌 시간이 확보된다. 시간에 대한 가치가 가장 많이 반영되는 재테크가 바로 부동산이다. 하루라도 빨리 부동산에 눈을 뜨고 투자할 준비를 해야 한다.

지금 내가 하는 거의 모든 일들은 돈과 관련되어 있다. 우리 사회의 가장 큰 문제로 꼽히는 고령화 문제도 결국 돈과 결부된다. 많은 사람들이 자신이 꿈꾸는 삶에 도달하지 못하는 것은 그것을 이루기 위해 무엇을 해야 할지 모르기 때문이다.

방법을 찾아도 제대로 배우지 않으면 아무 소용이 없다. 당신의 미래를 위해 얼마만큼의 비용이 필요한지 계산해 보라. 아마 깜짝 놀랄 것이다. 돈에 대한 목표를 되도록 빨리 구체적으로 세워야 한다.

부동산 경매 시장에 진입하면 돈 벌 기회가 자주 눈에 들어온다. 수익률이 보이는 물건들이 눈앞에 펼쳐지기 시작하면 그때는 오히려 투자할 돈이 없음에 한탄할 것이다. 부동산 경매는 분명 기회의 시장이다. 정해진 규칙만 지키면 안정적인 수익이 보장되기 때문이다. 꾸준히 관심을 갖고 투자를 이어 간다면 돈이 없어 걱정하는 일은 없을 것이다.

부동산 경매로
누구나 부자가 될 수 있다

나는 지금 책을 쓰는 작가이자 부동산 투자 성공학 강사로 활동 중이다. 겉으로는 나의 이력이 화려해 보일 수 있지만 과거에는 그렇지 못했다. 나의 중·고교 시절 생활기록부에는 '내성적이고 말수가 없으며 적극성이 부족하다'는 문구가 늘 적혀 있을 만큼 존재감도 없었다. 하지만 나는 자주 '틀에 박힌 인생은 절대 살지 않을 거야', '남들과는 다른 인생을 살고 싶다'라는 생각을 했었다.

29세 때 성공하고 싶다는 열망을 품고 무작정 서울로 올라왔다. 첫 사회생활을 경기도 안산에 있는 고시원에서 시작했다. 건축 현장 생활을 하면서 생계를 유지했는데 시간이 지날수록 직업에 대한 회의감이 들었다. 거기다 100만 원이 채 되지 않은 월급은 나를 우울하게 만들었다. 그러나 스스로 스펙 하나 없다고 생각이 드니 다른 일을 찾아볼 생각조차 하지 않았다. 어떤 일을 해도 어떤 목표를 세워도 무의미하게 여겨졌다. 그러다 보니 하루하루 몸은 지쳐가고 좌절과 절망은 커져만 갔다.

현장 일을 그만두고 서울에 있는 인테리어 회사에 어렵게 취직했다. 나는 어렵게 얻은 자리인 만큼 꽤 긴 시간을 한 회사에서 보내며 실력을 쌓아갔다. 그리고 얼마 되지 않은 월급에서 무조건 60%를 떼어 저축했다. 돈이 없을수록 저축과 투자를 적극적으로 해야 한다고 생각한 것이다. 그러나 경력이 쌓이면서 그 무엇이 나를 괴롭히기 시작했다. 나와 함께 일하는 부하 직원들은 감각이나 실력이 좋았다. 유학파 출신도 꽤 있었다. 잊고 있었던 열등감이 살아났고 이대로는 답이 없다는 생각이 뇌리를 스쳤다. 과감히 사표를 던지고 모은 돈을 모두 가지고 유럽 배낭여행을 떠났다. 시야를 넓히고 생각을 키울 수 있는 유일한 방법이라고 생각한 것이다.

여행은 많은 것을 나에게 가져다주었다. 앞으로 어떻게 살아가야 할지 어떤 방법으로 목표를 이룰지 정리할 수 있었다. 나는 부족하다고 느껴지면 늘 새로운 시도로 전환점을 만드는 습관이 있다. 본능적으로 지금의 한계를 벗어나야 한다는 생각이 드는데 이는 지독한 열등감이 나에게 준 최고의 선물이라고 생각한다.

이 책을 집필하면서 그동안 내가 걸어온 길을 돌아볼 기회를 가질 수 있었다. 과거의 나는 쉴 틈 없는 나날을 보내며 팍팍하고 힘든 인생을 살아왔다. 하지만 비록 몸은 고달팠지만 희망의 끈을 놓지 않았다.

나의 30대는 정말 치열했다. 만약 다시 30대로 돌아갈 수 있다 해도 절대 되돌아가고 싶지 않을 정도다. 그저 열심히 살았던 기억만 추억할 수 있는 것으로 만족한다. 내가 치열하게 살 수밖에 없었던 이유는 스펙이나 돈이 없었기 때문이다. 내세울 것은 아무것도 없었기에 실패해도 두렵지 않았다. 최소한 지금보다는 나은 환경을 만들겠다는 일념 하나로 살아온 것이다. 그래서 내 경험에 비추어 힘든 시기를 보내고 있는 사람들이 있다면 "확고한 목표를 갖고 목숨을 걸고 시도하라."라고 조언한다.

열등감 많고 지극히 평범한 나를 보라. 당신도 평범한 삶을 살고 있다면 피나는 노력으로 미래를 만들어가야 할 것이다. 나는 정말 최선을 다해 살았다. 지치고 힘들수록 열등감이 오히려 나를 일으켰고 입에서 단내가 날 정도로 사력을 다해 책을 읽고 배우는 노력을 그치지 않았다. 그때 필사를 했던 노트가 30권이 넘는다.

나는 스스로 부끄럽지 않도록 내 인생을 다듬어가고 있다. 그렇게 목숨을 걸고 최선을 다하다 보니 어느새 내가 진심으로 원하는 인생을 살게 되었다.

많은 직장인들이 너나 할 것 없이 답답한 현실과 불안한 미래로 인해 힘겨워한다. 오죽하면 《아빠는 무조건 살아남아야 한다》라는 책까지 나왔을까. 나 역시 세 아이의 아빠다. 아침에는 큰딸을 유치원에 바래다주고 출근을 한다. 퇴근 후 놀이터에서 아이들과 술래잡기를 하고 저녁에는 두 아이를 목욕시킨 후 동화책을 읽어 준다. 이제 막 태어난 셋째 딸은 올곧이 아내 몫이다.

아이들이 잠드는 밤 10시 무렵 집을 나서 사무실로 향한다. 그때부터 끝내지 못한 업무를 마무리한다. 하루가 어떻게 가는지조차 가늠할 수 없다. 몸은 녹초가 되지만 아이들을 보고 있으면 행복하다. 일주일에 한 번은 아이들이 자연에서 뛰놀 수 있도록 해 준다. 아빠 육아를 제대로 해 보지 않았던 나로서는 셋째가 태어난 후 육아가 얼마나 힘든 일인지 뼈저리게 느꼈다. 가정을 꾸리고 아이들이 생기면서 나의 어깨는 더 무거워졌지만 가족 덕분에 힘든 시기를 견딜 수 있었다.

사업을 하는 과정에서 온갖 시련과 역경에 부딪혔지만 물러서지 않고 우직하게 나아갔다. 그동안 한 걸음 한 걸음 준비해 오면서 확실히 깨달은 것이 있다. 절박함은 간절함을 부르고 간절함은 시련을 견딜 수 있는 힘을 준다는 것이다.

간절함은 이것저것 따지지 않고 달릴 수 있는 열정을 안겨 준다. 나는 시간이 갈수록 기대되는 사람이 되고 싶다. 훗날 내 인생을 돌아보았을 때 후회가 없기를 바란다. 한 가지 바람이 있다면 과거의 나처럼 힘든 길을 걷고 있는 대한민국 가장들에게 '시련이 클수록 더 크게 성공한다'는 것을 보여 주고 싶다.

지금까지 자신의 삶에 최선을 다했는지 묻고 싶다. 절박함이나 간절함으로 평범함을 벗어나려는 시도를 해 본 적이 있는가. 있다면 목숨을 걸었는가. 몰입하지 않은 노력은 소용없다. 100% 만족하는 결과를 만들 수 없다.

그냥 하루를 보낸 사람과 몰입해서 하루를 보낸 사람의 성과는 다를 수밖에 없다. 그 하루가 쌓여 한 달이 되고 한 달이 쌓여 1년이 된다. 1년이 쌓이고 쌓이면 인생이 된다. 잠을 자는 시간을 줄여가며 많은 시간을 노력했는지가 중요한 것이 아니라는 뜻이다. 중요한 것은 '제대로 배우고 익혀서 얼마나 집중해서 모든 것을 쏟아부었느냐' 하는 것이다.

부동산 경매가 대중화되면서 연령을 불문하고 많은 사람들이 시장에 뛰어든다. 최저가만 계속해서 쓰는 투자 모임이 있는가 하면 아무런 노력 없이 운을 기대하는 사람도 많다. 잘못된 투자 마인드는 결코 긴 호흡을 유지할 수 없다. 평범한 노력은 평범한 결과를 부르기 때문에 남들과는 다른 노력이 필요하다.

성공을 위한 노력 뒤에는 간절함이 존재해야 생명력을 발휘한다. 지루할 만큼의 훈련과 반복을 통해 자신만의 기술을 몸으로 체득해야 경매 시장에서 살아남을 수 있다. 나는 교육 사업을 하면서 경쟁하지 않았다. 단지 나에게 교육을 받는 한 명 한 명이 성과를 낼 수 있도록 집중했다. 늦은 걸음으로 천천히 왔지만 그때의 경험들이 쌓여 지금의 나를 만들었다.

인생은 누구를 만나느냐에 따라 달라진다. 나는 〈한책협〉의 김태광 대표 코치를 만나 인생 2막을 시작했다. 그는 의식이 전부임을 강조한다. 책을 쓰는 기술뿐만 아니라 생각하는 기술까지 가르친다. 그는 사람들에게 이렇게 말한다.

"꿈과 비전이 있는 사람들에게는 시간이 소중하다. 시간, 즉 세월을 아껴야 한다. 세월 속에 나의 강점을 강화시키고, 약점은 보완하고, 운명을 바꿀 수 있는 비법이 숨어 있다. 앞으로 살아갈 수 있는 세월이 얼마 남지 않았다는 것보다 더 슬프고 불행한 말은 없다. 돈을 아끼기보다 세월을 아껴라. 최고의 비용을 주고 최고의 전문가에게 배워야 하는 이유다."

시간은 누구에게나 똑같이 흐른다. 혼자 해 나가면 많은 시행착오를 겪으며 시간과 에너지, 비용을 낭비하지만 최고의 전문가에게 조언을 들으면 시행착오를 현저히 줄일 수 있다. 나 또한 단기간에 책을 쓰고자 책쓰기 분야에서 최고가 된 사람에게 책쓰기 기술을 익혔다. 그것이 내가 늦게 시작했지만 크게 성공할 수 있었던 비결이다.

아무리 평범한 사람에게도 인생 최고의 기회는 반드시 온다. 단지 자신이 준비되어 있지 않아 거절하거나 알아보지 못할 뿐이다. 인간은 생각하는 것보다 더 많은 능력이 있다. 자신이 생각하고 원하는 만큼 이룰 수 있다고 확신한다. 아무 지식도 없는 것을 걱정할 필요는 없다. 아무것도 모르는 편이 기술을 순수하게 받아들이는 데 훨씬 수월하다. 가장 순수한 형태의 무지는 오히려 두려움을 없애 주기 때문이다.

경매 기술을 익히면 돈을 버는 재주뿐만 아니라 성격까지 바뀌게 된다. 소극적인 성격은 적극적으로, 말 못하는 사람은 언변가로, 합리적이고 논리적인 사람으로 변화된다. 사람을 상대하는 능력이 키워지는 것이다. 이 변화를 즐기고 싶다면 지금 당장 경매 시장에 몸을 던져라. 제대로 배우는 것이 우선이며 배웠다면 0.5초 이내로 실행하라. 길지 않은 시간에 답을 구할 것이다.

자신이 사용할 수 있는 재테크 기술이 있는지 생각해 보라. 열정과 노력이 없다면 세상의 어떤 기술을 익힌다고 해도 돈을 벌 수 없다. 반면 자신만의 기술이 없다면 끝없는 열정과 노력이 있다 해도 의욕만 앞선 채 시간만 낭비하게 될 것이다. 열정과 노력으로 자신만의 기술을 사용할 때 비로소 원하는 인생을 살게 될 것이다. 이것이 부동산 경매로 부자가 될 수 있는 지름길이다. 이제 당신 차례다.

돈이 없을수록 부동산 경매를 하라

초판 1쇄 발행 2017년 12월 8일
초판 2쇄 발행 2019년 10월 18일

지 은 이 **김서진**
펴 낸 이 **권동희**
펴 낸 곳 **위닝북스**
기   획 **김도사**
책임편집 **이양이**
디 자 인 **이선영 이혜원**
교정교열 **김진주**
마 케 팅 **포민정**

출판등록 제312-2012-000040호
주   소 경기도 성남시 분당구 백현로 97 다운타운빌딩 2층 201호
전   화 070-4024-7286
이 메 일 no1_winningbooks@naver.com
홈페이지 www.wbooks.co.kr

ⓒ위닝북스(저자와 맺은 특약에 따라 검인을 생략합니다)
ISBN 979-11-88610-16-7 (13320)

이 도서의 국립중앙도서관 출판도서목록(CIP)은 서지정보유통지원시스템
홈페이지(http://seoji.nl.go.kr)와 국가자료공동목록시스템(http://www.nl.go.
kr/kolisnet)에서 이용하실 수 있습니다.(CIP제어번호: CIP2017029904)

위닝북스는 독자 여러분의 책에 관한 아이디어와 원고 투고를 설레는
마음으로 기다리고 있습니다. 책으로 엮기를 원하는 아이디어가 있으신 분은
이메일 no1_winningbooks@naver.com으로 간단한 개요와 취지, 연락
처 등을 보내주세요. 망설이지 말고 문을 두드리세요. 꿈이 이루어집니다.

※ 책값은 뒤표지에 있습니다.
※ 잘못 만들어진 책은 구입하신 서점에서 교환해 드립니다.